KLEINE
KULTURWISSENSCHAFTLICHE
BIBLIOTHEK

Natalie Zemon Davis
Lebensgänge

Glikl. Zwi Hirsch. Leone Modena.
Martin Guerre. Ad me ipsum

Aus dem Amerikanischen
von Wolfgang Kaiser

Verlag Klaus Wagenbach   Berlin

Lebensgänge
erschien 1998 als Band 61 der Reihe
KLEINE KULTURWISSENSCHAFTLICHE BIBLIOTHEK

© 1998 Natalie Zemon Davis
© 1998 für die deutsche Ausgabe Verlag Klaus Wagenbach, Ahornstraße 4, 10787 Berlin. Umschlaggestaltung Groothuis+Malsy unter Verwendung zweier Holz-schnitte (nach Zeichnungen von Tobias Stimmer, 16. Jhdt.; Archiv für Kunst und Geschichte, Berlin). Gesetzt aus der Korpus Bembo (Berthold) durch die Offizin Götz Gorissen, Berlin. Lithos von City-Repro, Berlin. Gedruckt auf chlor- und säurefreiem Papier und gebunden durch Wagner, Nördlingen. Printed in Germany. Alle Rechte vorbehalten. ISBN 3 8031 5161 9

Inhalt

Noch einmal *Religion und Kapitalismus?*
Jüdische Kaufmannskultur im siebzehnten Jahrhundert

I

Deutlich hebt sich vor unsern Augen der Jude zunächst einmal ab als der, sagen wir, reinere Geschäftsmann, als der in Geschäften Nur-Geschäftsmann, als derjenige, der im Geiste echt kapitalistischer Wirtschaft allen naturalen Zwecken gegenüber den Primat des Erwerbszwecks anerkennt. *Zum Belege wüßte ich nichts besseres anzuführen als die* Memoiren der Glückel von Hameln. *Dieses Buch ... ist in vieler Hinsicht eine außerordentlich wertvolle Quelle, wenn wir das Judentum, seine Wesenheit und Wirksamkeit in frühkapitalistischer Zeit beurteilen wollen ... Denn in der Tat: alles Dichten und Trachten, alles Denken und Fühlen dreht sich bei jener Frau – und wir merken auch: bei allen anderen Personen, von denen sie etwas zu berichten hat – ums Geld ... Dann würde ich aber als das spezifisch Jüdische gerade diese Naivität, diese Selbstverständlichkeit, diese Unverblümtheit ansehen, mit der das Geldinteresse in den Mittelpunkt aller Lebensinteressen gestellt wird ...*

Daß diese weltflüchtige Religion den Christen lange Jahrhunderte Hindernisse in ihrem Erwerbsleben bereitet hat, ist bekannt ... Und außer allem Zweifel steht es, daß die Juden diese Hindernisse niemals gekannt haben ... Ein wunderhübsches Beispiel dafür, wie sich in wahrhaft frommen Judenherzen die Erwerbsinteressen mit den Religionsinteressen aufs innigste verschmelzen, bieten wiederum die Memoiren unserer Glückel von Hameln: *»Gelobt sei Gott, der gibt und nimmt, der getreue Gott, der unsern Schaden allemal wieder so reichlich ersetzt.«*[1]

So äußerte sich der Wirtschaftshistoriker und Soziologe Werner Sombart über die Ursprünge des Kapitalismus in der frühen Neuzeit und veranschaulichte seine Argumentation mit Beispielen aus dem Selbstzeugnis einer jüdischen Kauffrau im Hamburg des siebzehnten Jahrhunderts.[2] *Die Juden und das Wirtschaftsleben* (1911) war Sombarts Antwort auf Max Webers *Die protestantische Ethik und der Geist des Kapitalismus* aus den Jahren 1904–1905, in einer Debatte, die Sombart selbst 1902 mit der Veröffentlichung von *Der moderne Kapita-*

lismus begonnen hatte.[3] Wie Weber sah auch Sombart den modernen Kapitalismus als eine Besonderheit der okzidentalen Entwicklung an. Wie Weber suchte er nach einem »Geist des Kapitalismus«, der diesen ökonomischen Wandel geprägt habe. Und wie Weber eröffnete er seine Untersuchung mit einem soziologischen Tableau, das die Vorherrschaft einer bestimmten Gruppe im Handel und Wirtschaftsleben zeigte, und machte dann die religiösen Mechanismen und Eigenarten deutlich, die für diese Dominanz verantwortlich waren.

Es gab jedoch wichtige Unterschiede zwischen ihnen. Zwar stimmten sie darin überein, daß rationale Geld- und Kapitalrechnung für den Geist des Kapitalismus wesentlich sei, aber sie unterschieden sich in der Bestimmung seiner Antriebe und Quellen. Sombart dachte, ein grenzenloses Streben nach Gewinn und Geld treibe das kapitalistische Handeln an, während Weber »skrupellosen Erwerb« als typisches Merkmal *vor*kapitalistischer Wirtschaften ansah. Für Weber führte gerade die Selbstverleugnung und Genußentsagung zur Profitakkumulation. Als seinen herausragenden Zeugen führte er Benjamin Franklin an: »Neben Fleiß und Mäßigkeit trägt nichts so sehr dazu bei, einen jungen Mann in der Welt vorwärts zu bringen, als Pünktlichkeit und Gerechtigkeit bei allen seinen Geschäften… Der Schlag deines Hammers, den dein Gläubiger um 5 Uhr morgens oder um 8 Uhr abends vernimmt, stellt ihn auf sechs Monate zufrieden… Hüte dich, daß du alles, was du besitzest, für dein Eigentum hältst und demgemäß lebst… Um dies zu verhüten, halte eine genaue Rechnung über deine Ausgaben und dein Einkommen… Bedenke, daß Geld von einer zeugungskräftigen und fruchtbaren Natur ist. Geld kann Geld erzeugen.«[4]

Die beiden Soziologen betonten auch unterschiedliche Anwendungsfelder des rationalen Kalküls: Weber interessierte sich besonders für die rationale Arbeitsorganisation und die Arbeitsdisziplin im industriellen Kapitalismus, Sombart dagegen für die Entwicklung von Kreditinstrumenten, die Finanzierung der frühmodernen Staatsbildung, den internationalen Warenhandel einschließlich des Handels mit Luxusprodukten sowie die Kolonialwirtschaft. Und schließlich sah Weber die Puritaner mit ihrer Prädestinationslehre, asketischen Selbstdisziplin und ihrer Betonung des diesseitigen Berufs als die »kulturellen Erzeuger« des »Geistes des Kapitalismus«, während Sombart diese Rolle den Juden zusprach. Für Sombart rührten die kaufmännischen Fähigkeiten der Puritaner von Merkmalen her, die denjenigen der Juden ähnlich (oder von ihnen abgeleitet) seien: »Puritanismus *ist* Judaismus.« Er dachte sogar, das jüdische Geschäftsgenie habe ein rassisches Substrat: es sei sehr alt und ererbt bei einem Volk, das »sich mehr als zwei Jahrtausende hindurch als eine besonders geartete ethnische Gruppe erhalten« habe.[5] Neben seinen Bemerkungen zum »Rassenproblem« nannte Sombart zwei Quellen für die besondere Eignung der Juden zum Kapitalismus. Einmal waren dies die geistigen und praktischen Konsequenzen der Tatsache, daß die Juden über viele Regionen Europas verstreut waren und dort als relative Außenseiter lebten, mit dem Rechtsstatus von Fremden und nicht als eingesessene Bürger. Dies habe die Fähigkeit zu »rascher Anpassung« an wechselnde Lebensumstände gefördert und die moralischen Bindungen zu den Nichtjuden gelockert, mit denen sie sehr häufig in wirtschaftlicher Verbindung standen.[6]

Zweitens behauptete Sombart, und dies war ein besonders wichtiges Argument, der Judaismus sei eine durch und durch rationale und der Mystik feindlich gesonnene Religion. Ihre Anhänger seien zu einem Leben streng nach dem Gesetz aufgerufen. »Heiligkeit heißt mit einem Worte: Die Rationalisierung des Lebens«, dies sei die jüdische Quelle der »innerweltlichen Askese«.[7] Der Bund zwischen dem HErrn und seinem auserwählten Volk mache den Vertrag zur zentralen Form der religiösen Wahrnehmung und des religiösen Handelns für die Juden. Lohn und Strafe würden den Menschen, die den Vertrag einhielten oder brachen, in dieser irdischen Welt zuteil, und Reichtum sei eine der Belohnungen. Selbst die jüdische Liturgie zeige geschäftsmäßige Züge, denn die Ehre des Vorlesens aus der Thora, des Hochhaltens und Aufrollens der Schriftrolle würden an den Meistbietenden veräußert.

Sombart stützte seine Argumentation mit Zitaten aus der Heiligen Schrift, der rabbinischen Literatur, dem religiösen Gesetz und den Denkwürdigkeiten der »Glückel von Hameln«, die gerade in einer Übertragung aus dem Jiddischen erschienen war.[8] Ihre Autobiographie war das einzige Selbstzeugnis, das er in seinem Buch zitierte; sie spielte in seiner Argumentation eine ähnliche Rolle wie Benjamin Franklins *Advice to a Young Tradesman* für Weber.

Sombarts *Die Juden und das Wirtschaftsleben* sind nach ihrer Veröffentlichung und in den folgenden Jahrzehnten viel diskutiert und kritisiert worden. Für Weber irrte Sombart in vielen Punkten, darunter in seiner Rassentheorie. Die Außenseiterstellung der Juden, die in Sombarts Argumentation eine so zentrale Rolle spielte, orientierte sie Weber zufolge auf einen risikoreichen »Paria-Kapitalismus«, den Geldverleih an Fürsten und Herrscher, statt auf die selbstverleugnende Rationalität der »bürgerlichen Arbeitsorganisation«.[9] Der anerkannte Wirtschaftshistoriker Lujo Brentano nahm kritisch zu beiden

Soziologen Stellung. Brentano, ein Nachfahre italienischer Katholi-
ken, die sich im siebzehnten Jahrhundert in Frankfurt am Main nie-
dergelassen hatten, kritisierte Weber, weil er die innovative Rolle der
katholischen Kaufleute der italienischen Renaissance und die Auffas-
sungen der Spätscholastiker über Beruf und Handel vernachlässigt
habe. Sombarts Darstellung der wirtschaftlichen Tätigkeit der Juden
und der Lehren ihrer Rabbiner hielt er für unzutreffend und verzer-
rend, sein Buch sei »eine bedauerliche Veröffentlichung«.[10]

Dennoch hielten jüdische Gelehrte und Spezialisten für jüdische
Geschichte Sombarts Buch zumindest für diskussionswürdig. Ihr Inter-
esse an Sombart als Zeichen des jüdischen Selbsthasses – der »selbst-
verachtende[n] Haltung des deutschen Judentums« – abzutun, hieße
zu verkennen, was den Zeitgenossen an Sombarts Ausführungen neu
erschien.[11] In seiner Studie waren jüdische Kaufleute, Bankiers und
Unternehmer die Hauptakteure des Wandels der europäischen Gesell-
schaft zur Moderne, statt nur eine unterstützende Rolle zu spielen und
auf Randgebiete der jüdischen Geschichte begrenzt zu werden (wie
etwa in Heinrich Graetz' magistraler *Geschichte der Juden*, deren elfter
Band postum im gleichen Jahr wie Sombarts Buch erschien).[12]

Zudem hielt Sombart seine Untersuchung fast gänzlich frei von
normativen Feststellungen, die seine starke Aversion gegen das angeb-
lich von den Juden erfundene berechnende kapitalistische Handeln
verraten hätten. Anfänglich Marxist, wurde Sombart zunehmend be-
einflußt von einer nietzscheanischen Hoffnung auf eine »deutsche«
Gestalt unternehmerischer Modernität, die deren »jüdische« Form
eines berechnenden Händlerkapitalismus überwinden sollte.[13] Diese
Ansichten brachte er 1912 leidenschaftlich in einem antisemitischen
politischen Pamphlet mit dem Titel *Die Zukunft der Juden* zum Aus-
druck, aber seine wissenschaftliche Studie über die *Juden und das Wirt-
schaftsleben* war deskriptiv und nicht von normativen Vorannahmen be-
stimmt – ein Beispiel für jene »Wertfreiheit«, auf der Weber und er in
der Deutschen Gesellschaft für Soziologie bestanden. Sombart charak-
terisierte die Frau, die er Glückel von Hameln nannte, als »außerge-
wöhnlich« und ihr Buch als »prachtvoll«, auch wenn er behauptete,
das Geldinteresse stünde bei ihr über allem. Ihr »wahrhaft reiches« Le-
ben erinnerte ihn an Goethes Mutter.[14] Der Rabbiner und Spezialist
für jüdische Wirtschaftsgeschichte im Mittelalter, Moses Hoffmann,
urteilte 1912 in seiner Besprechung, *Die Juden und das Wirtschaftsleben* sei
bemerkenswert durch seine »seltene Unparteilichkeit«.[15]

Sombarts Kapitel zum Rassenproblem schließlich waren in einem
Ton hitziger Spekulation geschrieben; er stützte sich darin unter ande-

rem auf einen Judaisten, der die Idee einer »jüdischen Rasse« auf der Grundlage genealogischer Abstammung akzeptierte.[16] Die Leser in den Jahren 1911–1912 konnten nicht voraussehen, wohin diese Ansichten in der Nazizeit führen sollten oder was Sombart in den dreißiger Jahren zur Verteidigung nationalsozialistischer Grundsätze schreiben sollte. In seiner Besprechung von *Die Juden und das Wirtschaftsleben* für die *Revue des études juives* im Jahr 1911 stellte Raphaël-Georges Lévy fest, Sombart habe »jede Debatte über die Überlegenheit oder Unterlegenheit irgendeiner Rasse vermieden«.[17]

Lévy wie Hoffmann waren nicht davon überzeugt, daß die Juden irgendwelche dauerhaften Eigenarten besäßen, die sie zu einer »Rasse« oder einem »Volk« machen würden. Die ökonomischen Befähigungen und Tätigkeiten von Juden zu einer bestimmten Zeit waren für sie ein Resultat des »Milieus«, der historischen Umstände. Für Hoffmann lagen Sombarts gravierendste Mängel in seiner Behandlung des jüdischen Glaubens und der jüdischen Morallehren. Der Soziologe habe die starke mystische Richtung in der jüdischen Religionsgeschichte übersehen und die Wirkungsmacht der rabbinischen Lehren ignoriert, die Reichtum und Weltzugewandtheit verurteilten. Talmudische Flexibilität habe den Juden Mittel an die Hand gegeben, mit denen sie sich an Wirtschaften anpassen konnten, in denen ihnen allein Geldverleih und Handel gestattet waren, aber sie habe nicht zur Erfindung des Kapitalismus geführt.

Ganz besonders interessant ist die Reaktion von Mordecai Epstein, der 1913 *Die Juden und das Wirtschaftsleben* ins Englische übersetzte. Epstein war ein junger Wirtschaftshistoriker, der ermutigt von Sidney Webb an der Heidelberger Universität eine Dissertation über die Frühgeschichte der *Levant Company* geschrieben hatte. In den Jahren 1906–1907 hatte er Sombarts Vorlesungen und Seminare in Berlin besucht und zur Gruppe von Studenten gehört, die Sombart nach den Lehrveranstaltungen abends zu sich einlud; er war von seiner Energie, seiner Gelehrtheit und seinem Humor begeistert. Das frühe politische Denken des Professors beindruckte Epstein ebenfalls, denn seine erste Übersetzung von Sombart war *Socialism and the Social Movement* (1909) [*Sozialismus und soziale Bewegung*, aus dem Jahr 1896], als Sombart noch an die Möglichkeit eines modernen, evolutionären Sozialismus glaubte.[18] Sombarts zahlreiche Bücher waren umstritten, schrieb Epstein in seinem Vorwort zu *The Jews and Modern Capitalism*, sie hätten aber »viel Wertvolles zum ökonomischen Denken beigetragen«. Für seine Übersetzung hatte er mit Zustimmung des Autors bestimmte Teile gekürzt, darunter einen Abschnitt über »moderne Rassentheorie«.[19] Tatsächlich strich Epstein viele Seiten aus den Kapiteln über das Rassenproblem, ließ hingegen Abschnitte stehen, in denen Sombart die Grenzen des zeitgenössischen Wissens über rassische Merkmale unterstrich und (in Sombarts Worten)»antisemitischen Pamphletisten« seine eigene »gewissenhafte Prüfung« des Tatsachenmaterials gegenüberstellte, ob »der ursprünglich den Hebräern im Blute steckende Nomadismus und Saharismus wirklich durch Anpassung oder Auslese erhalten und immer weiter gezüchtet« worden sei.

Sombarts Werk wurde mithin englischen und amerikanischen Lesern von einem praktizierenden Wirtschaftshistoriker präsentiert, und dies in einer Form, die einige seiner verstörendsten Behauptungen abschwächte. Epstein wiederholte seine eingeschränkte Zustimmung zu Sombarts Auffassungen einige Jahre später, als er Sombarts *Der Bourgeois* von 1913 erst besprach und dann übersetzte.[20] Darin hatte Sombart seine Unterscheidung der Bourgeoisnaturen weiter ausdifferenziert in Helden- und Händlervölker. Alle europäischen Völker seien zum Kapitalismus veranlagt, aber die germanischen Völker besäßen »biologisch« eine besondere Veranlagung zum Unternehmertum, während die Florentiner und Schotten nunmehr sich mit den Juden eine spezielle Eignung zum Handel teilten. Doch im historischen Längsschnitt der Entwicklung des Kapitalismus lagen die Juden immer noch an erster Stelle. Die Lehren der Scholastiker mochten zwar Unternehmertum und die Anhäufung von Reichtum befördert haben, der Judaismus ging jedoch viel weiter mit seinem vorbehaltlosen Akzeptieren von Reichtum, seiner Rationalisierung des Lebens und seinem doppelten Verhaltenskodex für den geschäftlichen Umgang mit Juden und Nichtjuden. Ein Jahrzehnt später sollte Epstein die jüdischen Glaubenslehren ganz anders beurteilen als Sombart.[21] Bei Ausbruch des Ersten Weltkriegs hielt er Sombarts Theorien über die biologischen und religiösen Faktoren hinter der kapitalistischen Entwicklung für reine Spekulation, aber immer noch für »außerordentlich interessant und anregend«.

Ob man damit übereinstimmte oder nicht, Sombarts weitgespannte Untersuchung *Die Juden und das Wirtschaftsleben* bestimmte für längere Zeit die Forschungsthemen in jüdischer Wirtschaftsgeschichte.[22] Ein aufschlußreiches Beispiel ist das Seminar über »Die Juden im Wirtschaftsleben«, das 1941 in Lyon durchgeführt wurde. Es wurde heimlich durchgeführt und geleitet von dem französischen Wirtschaftswissenschaftler Louis Rosenstock-Franck und war Teil eines Studienprojekts des französischen Zentralkonsistoriums für Wissenschaftler, die durch das *Statut des Juifs* des Vichy-Regimes von Oktober

1940 ihrer Posten enthoben worden waren und nun ohne Anstellung im nicht besetzten Teil Frankreichs lebten. Rosenstock-Franck hielt es für angemessen, den ersten bedeutenden Versuch einer systematischen Erörterung des Einflusses der Juden auf das Wirtschaftsleben zu studieren und – wenn der Ausdruck erlaubt ist – zu »entlarven«, das heißt Sombarts *Les Juifs et la vie économique*, das französischen Lesern durch die Übersetzung von S. Jankélévitch aus dem Jahr 1923 bekannt war.

War Sombart in diesem Buch ein Antisemit, ein Nazi *avant la lettre*, fragte Rosenstock seine Zuhörer. Es sei nichts dagegen einzuwenden, von einer Rolle der Juden im Wirtschaftsleben zu sprechen, obgleich Sombarts Behauptungen, die Juden hätten eine sehr große Bedeutung gehabt, noch zu verifizieren seien.

»Aber Sombart liefert – gewollt oder ungewollt – dem Antisemitismus Munition, wenn er behauptet, die von den Juden geschaffenen Kreditinstrumente seien von diesen zu eigennützigen Zwecken verwendet worden, die mit nationalen Gemeinschaften, ihrer sozialen Umwelt und der christlichen Mentalität unvereinbar seien.«

Doch gebe es in seinem Buch immer noch einige bedenkenswerte »große Ideen«: die mögliche Übereinstimmung zwischen der jüdischen Religion und den Erfordernissen einer kapitalistischen Zivilisation und, was ganz besonders interessant sei, der Gedanke des »individualistischen, nicht- oder übernationalen Charakters des jüdischen Wirtschaftshandelns«. Diese von Sombart selbst so kritisch gesehenen Merkmale könnten zumindest gewährleisten, daß es Hitler, Mussolini und Stalin kaum gelingen würde, einen großen jüdischen Financier – einen »Hofjuden« des zwanzigsten Jahrhunderts – zu finden, der zu ihrem willigen Werkzeug werden würde.[23]

II

Meine Betrachtung der jüdischen Kaufmannskultur im siebzehnten Jahrhundert wird zum Teil den Wegen früherer Kritiker Sombarts folgen. Ich werde Sombarts Ansichten über jüdische Mentalitäten anhand von zwei eng miteinander verbundenen Selbstzeugnissen kritisch prüfen: der jiddischen Selbstbiographie einer Hamburger Kauffrau, die als Glückel von Hameln bekannt wurde, sowie der Lebensbeschreibung von Zwi Hirsch Aschkenasi, dem Rabbi und Leiter des Lehrhauses in Hamburg und Altona am Ende des siebzehnten und zu Beginn des achtzehnten Jahrhunderts, die sein Sohn Jakob Emden in hebräischer

Sprache verfaßt hat.[24] Wichtiger noch, das historische Quellenmaterial drängt uns dazu, die Analyse des Zusammenhangs von Ökonomie und Religion in der Weberschen und Sombartschen Begrifflichkeit und in dem von ihnen Anfang des zwanzigsten Jahrhunderts gesetzten Rahmen (scharfsinnig resümiert von R. H. Tawney in seinem Vorwort zur ersten englischen Ausgabe von Webers *Protestant Ethic* im Jahr 1930), in Frage zu stellen. Eine wichtige frühe Studie von Clifford Geertz soll hier die Entwicklung illustrieren, die von einer ziemlich breitgetretenen Form der Analyse zu einem Ansatz führte, der reiche Möglichkeiten dafür bietet, Wirtschaft als kulturelle Tätigkeit zu verstehen.

Doch zunächst einige einführende Worte zu unseren Quellen, angefangen mit dem Selbstzeugnis einer Kauffrau. Ihr Name war nicht Glückel von Hameln, wie sie im zwanzigsten Jahrhundert auf den Titelblättern ihrer gedruckten *Denkwürdigkeiten* heißt, sondern Glikl bas Judah Leib – Glikl, Tochter des Judah Leib.[25] Sie wurde 1646/47 in Hamburg in eine Kaufmannsfamilie hineingeboren. Seit dem frühen siebzehnten Jahrhundert gab es in der lutheranischen Hansestadt eine Gemeinde von sephardischen Juden – internationale Bankiers und Kaufherren. Die Aschkenasim, zu denen Glikls Eltern gehörten, lebten in der Stadt auf einer weitaus prekäreren Basis – bis zum Ende des siebzehnten Jahrhunderts, als ihnen gegen eine hohe jährliche Steuer ein regulärer Gemeindestatus gewährt wurde. Zu diesem Zeitpunkt hatten viele von ihnen den Aufstieg von bescheidenen Händlern zu internationalen Großkaufleuten geschafft.

Mit zwölf Jahren wurde Glikl mit dem jungen Handelsmann Chajim ben Joseph (den die christlichen Schreiber in ihren Büchern als Chajim Hameln oder Chajim Goldschmidt aufführten) getraut, ein für mitteleuropäische Juden nicht ungewöhnliches frühes Heiratsalter. Das Ehepaar hatte vierzehn Kinder, von denen zwölf lange genug lebten, um zu heiraten und – bis auf ein Kind – selbst Kinder zu haben. Unterdessen handelte Chajim mit Gold, Silber, Perlen, Juwelen und Geld, besuchte die Messen in Leipzig und Frankfurt und verkaufte Waren von Moskau bis London. Eine Zeitlang versorgte er den jüdischen Münzmeister von Stettin in Pommern mit Silber, obgleich sich dies als schlechtes Geschäft erwies. Glikl nahm an allen geschäftlichen Entscheidungen teil, setzte die Gesellschafterverträge auf, half bei der Buchführung und dem lokalen Darlehensgeschäft. Wir fingen als junge Leute an, »ohne großen Reichtum«, sagte Glikl, aber das Paar genoß wohl schon früh in Hamburg und anderswo viel Kredit.

Doch im Januar 1689 stolperte Chajim auf dem Weg zu einer geschäftlichen Verabredung im christlichen Teil der Stadt über einen spitzen Stein und starb bald darauf. Glikl blieb zurück mit acht kleinen »Waisenkindern«, die sie aufziehen, mit einer Mitgift ausstatten und verheiraten mußte. In den folgenden Jahren verfolgte sie die (aus Geschäftsinteressen und Sicherheitsbedürfnissen geborene) jüdische Strategie, einige Kinder in ihrer Nähe, andere in weit entfernten Städten – Berlin, Amsterdam, Metz und anderswo – zu verheiraten. Das Familiengeschäft übernahm sie selbst, gründete ein Strumpfgeschäft, erwarb und verkaufte Perlen und andere Edelsteine, importierte Waren aus Holland, besuchte die Jahrmärkte und Messen in Braunschweig und Leipzig, verlieh Geld und honorierte Wechsel in halb Europa. Im Unterschied zu Chajim hatte sie keine Gesellschafter oder Faktoren außerhalb der Familie. Ihre älteren Söhne oder ein Bruder begleiteten sie auf die Messen, denn eine ehrbare Frau konnte damals nicht allein reisen. Auf dem Höhepunkt ihrer Geschäfte war sie in der Lage, an einem Vormittag auf der Hamburger Börse bei Christen und Juden zwanzigtausend Reichstaler Banco zu erhalten und anschließend mit Edelsteinen im Wert von fünfzigtausend Reichstalern nach Wien zu reisen und sie dort zu verkaufen. Damit lag sie zwar noch unter dem Kredit, den die großen Bankiers hatten, aber es war doch eine recht beachtliche Summe. Glikl und ihr Sohn Nathan gehörten zum weitgespannten Netz der Kreditgeber, auf die sich »Hofjuden« wie die Oppenheimer in Wien für ihre Darlehen an den Kaiser stützten.

Als Geschäftsfrau war Glikl bei den hochdeutsch sprechenden Juden keine ungewöhnliche Gestalt. Ihre Großmutter und Mutter waren in der Pfandleihe und im Handel tätig gewesen, und Glikl schilderte andere tüchtige ältere Frauen wie Esther, eine »fromme, ehrliche Frau ... [die] allemal ... auf die Messe zum Kieler Umschlag gereist« sei.[26] Reisen zu den Messen taten der Ehre einer jüdischen Witwe keinen Abbruch, insbesondere nicht, wenn sie damit so viel Geld verdiente wie Glikl. Sie brachten ihr eher noch mehr Heiratsangebote ein.

Mehr als ein Jahrzehnt lang lehnte Glikl alle Heiratsanträge ab. Im Jahre 1699 jedoch schlugen ihre Tochter und ihr Schwiegersohn eine Ehe mit dem seit kurzem verwitweten Hirsch vor, einem reichen Kaufherrn und Bankier und führendem Mitglied der Jüdischen Gemeinde von Metz an der Grenze des französischen Königreichs. Mit dem Brief aus Metz in der Hand dachte Glikl, die im vierundfünfzigsten Lebensjahr stand, über die Unwägbarkeiten ihres Witwenstandes nach. Einer ihrer Söhne hatte durch seine geschäftlichen Torheiten ihre Zukunft verdüstert. Und auch viele andere Sorgen plagten sie:

»Zudem habe ich großen Handel geführt, denn ich habe noch großen Kredit bei Juden und Nichtjuden gehabt, und dadurch haben sie mir großen Kummer angetan. Im Sommer in der Hitze und im Winter bei Regen und Schnee bin ich auf Messen gefahren, ganze Tage bin ich auf den Messen auch in der Winterszeit in meinem Gewölbe gestanden, und weil ich gar wenig von dem Meinigen übrig behalten habe, hab ich es mir gar sauer werden lassen und habe nur immer getrachtet, mich in Ehren fortzubringen, daß ich, Gott behüte, nicht meinen Kindern zu Teil werde.«

Glikl fürchtete auch, ihr Geschäft könne, da sie die Mühen der Messereisen und der Kontrolle ihrer Ballen und Packen nicht mehr so gut aushalte wie früher, zugrunde gehen: »Falls mir aber, Gott behüte, einmal etlich Pack Waren oder sonst viel Schulden sollten verloren werden, so wäre ich, Gott behüte, ganz fallit und müßte, Gott behüte, meine Kreditoren auch benachteiligen, welches mir und meinen Kindern und meinem frommen Mann unter der Erde eine Schande wäre.«[27]

Deshalb nahm sie den Heiratsvorschlag an, handelte ein vorteilhaftes Arrangement für ihre Mitgift und den Unterhalt ihrer letzten unverheirateten Tochter aus und zog in das prächtig eingerichtete Haus von Hirsch Levy – oder Cerf Levy, wie er in Frankreich genannt wurde. Die Stadt an der Mosel war eine Grenzstadt, ihre Bevölkerung belieferte die Truppen Ludwigs XIV., stellte gewerbliche Erzeugnisse her und verkaufte Korn aus dem Umland weiter. Ungefähr fünf Prozent der Bevölkerung waren aschkenasische Juden, denen die Niederlassung in der Stadt erlaubt worden war, selbst nachdem die Protestanten sie nach der Aufhebung des Edikts von Nantes verlassen hatten. Der königliche Intendant begründete 1699, im Jahr von Glikls Heirat, warum die Juden nützlich waren: sie versorgten die Stadt und insbesondere die Grenztruppen mit den so notwendigen Waren, mit Korn und Pferden. Die Juden bildeten »eine Art Republik und neutrale Nation«, sie könnten leicht und zu geringen Kosten reisen, holten zutreffende Informationen über Preise ein und könnten wegen ihrer Beziehungen zu anderen Juden Waren über Grenzen hinweg transportieren.[28] Hatten nicht Cerf Levy und seine Partner im Vorjahr, während der bedrohlichen Hungersnot, sechstausend Säcke Korn nach Metz gebracht? Daneben waren die Juden Bankiers, die königlichen Amtsträgern und *Seigneurs* große Summen und Metzgern und Bauern kleine Beträge liehen (wir finden in den Quellen einen von Glikls Tochter Esther Goldschmidt zusammen mit ihrem Mann Moses Schwabe unterzeichneten Vertrag über ein hohes Darlehen an einen königlichen Finanzbeamten,[29] aber die meisten jüdischen Frauen waren nur im kleinen Leihgeschäft tätig), handelten mit Gold, Edelsteinen, Münzen verschiedener Währungen und gebrauchten Gegenständen und Kleidern.

Doch gerade als sich Glikl an ein Haus zu gewöhnen begann,»voll mit Gold und Silber, wie ich bei keinem reichen Mann unter allen Aschkenas gesehen habe«, ging ihr Ehemann bankrott.[30] Er war ehrlich und vertrauenswürdig in seinen ausgedehnten Geschäften, sagte Glikl, aber seine Gläubiger verschlangen ihn. Die *Jüdische Gemeinde* (im Sinne der Gemeindeorganisation) dachte, es müsse einige »Unordnung« in Levys Geschäften gegeben haben, machte aber für seinen Sturz insbesondere die Habgier von Christen verantwortlich, die ihm Geld zu ungeheuer hohem Zins geliehen hatten. Das ganze Jahr 1702 hindurch setzten Notare eifrig Verträge auf, in denen jüdische und christliche Gläubiger ihre Ansprüche gegen Hirsch zusammenlegten, und schließlich kam es zu einem Vergleich, nach dem sie etwa die Hälfte der ihnen geschuldeten Beträge erhielten.

Statt in Wohlstand und materieller Unabhängigkeit zu leben, waren Glikl bas Judah Leib und Hirsch ben Isaak nunmehr auf Unterstützung durch ihre Kinder angewiesen. Vielleicht nahm Glikl ihren Edelsteinhandel wieder auf, aber Hirsch mußte sich damit begnügen, seinem Sohn Samuel Ratschläge zu geben. Er bedrängte ihn, sich mit seiner Rolle als Oberrabbiner des Elsaß zu begnügen und nicht noch die Münze des Herzogs von Lothringen, außerhalb Frankreichs, zu übernehmen. Samuel hörte nicht auf ihn, und Hirschs Vorahnung erfüllte sich: Ludwig XIV., der über den Münzschmuggel besorgt war, verbot Samuel Levy und seinen Partnern, je wieder französischen Boden zu betreten, falls sie nicht die lothringische Münze aufgäben.[31]

Samuel ben Hirsch blieb in Lothringen, und sein Vater starb 1712 mit gebrochenem Herzen. Glikl hinterließ er weniger als ein Drittel ihrer Mitgift. Als sie auf die siebzig zuging, zog Glikl schließlich zu ihrer Tochter und ihrem reichen Schwiegersohn. In ihrem Haus erlebte sie, wie ihr Enkel Elias sich gut verheiratete und ihr Stiefsohn Samuel ein »gar vornehmes« Haus in Lothringen baute, bevor er einige Jahre später bankrott ging und des betrügerischen Konkurses angeklagt wurde. Sie starb 1724 im Alter von achtundsiebzig Jahren.

Zwi Hirsch Aschkenasi, die zweite historische Gestalt, an der wir Sombarts Auffassungen überprüfen wollen, lernte Glikls Hamburg gut kennen.[32] Er war 1660 in Mähren geboren worden und stammte aus einem Geschlecht gelehrter Rabbiner. Bereits mit etwa sechzehn Jahren hatte er angefangen, Gutachten, *Responsa*, über die Auslegung der Thora zu schreiben. In Ofen, Saloniki und Belgrad ausgebildet, hatte er zu Füßen aschkenasischer wie sephardischer Talmudlehrer gesessen und unterhielt sein Leben lang – freundschaftliche und konfliktreiche, aber immer enge – Beziehungen zu beiden jüdischen Gemeinschaften; diese Grenzüberschreitung war ungewöhnlich, denn die Rabbis beschränkten sich gewöhnlich auf, wie sie sagten, ihre eigene »jüdische Nation«. So lernte er auf seinem Lebensweg viele Sprachen des Mittelmeerraums und Europas: das etwas unterschiedliche Hebräisch der Sepharden und Aschkenasim und ihre Umgangssprachen (Ladino und Jiddisch) sowie Deutsch, Spanisch, Italienisch, Türkisch und Arabisch.

Kriegswirren zwangen Zwi Hirsch, Ofen zu verlassen, wo seine erste Frau und Tochter bei der kaiserlichen Belagerung der Stadt im Jahr 1680 starben, und nach Sarajewo und später nach Berlin zu gehen. Dort begegnete und heiratete er Sarah ben Mechullam, eine Tochter des Oberrabbiners von Hamburg und der angeschlossenen Gemeinden von Altona und Wandsbek. Um 1690 lebte das Ehepaar in Hamburg-Altona. In den nächsten vierundzwanzig Jahren gebar Sarah mindestens zwölf Kinder, von denen zehn nach Jahrzehnten noch am Leben waren – noch ein erstaunlicher Rekord, ähnlich jenem von Glikl und Chajim.

Als Klausrabbiner in Altona und später als Oberrabbi der aschkenasischen Gemeinden in Hamburg, Altona und Wandsbek hatte Zwi Hirsch diverse Verbindungen zur Geschäftswelt und viel mit Geld und Kredit zu tun. Viele Rabbis waren zugleich im Handel tätig – nicht so Zwi Hirsch. Ihm wurde ein Wohn- und ein Lehrhaus zur Verfügung gestellt; er erhielt ein kleines Jahresgehalt von sechzig Reichstalern und Zahlungen aus dem Verkauf von koscherem Wein aus Frankreich und Italien, den er bei Ankunft auf mögliche Verunreinigung überprüfte. Er begnügte sich mit diesen Einkünften und wies alle Geschenke zurück, die angesehene Kaufleute ihm aufzudrängen suchten und die von den Rabbis fast immer angenommen wurden. Er achtete, wie sein Sohn Jakob berichtet, sorgfältig darauf, seine wachsende Familie zu versorgen, und verfiel in Schwermut, als ein Handelspartner, der ihm von der Jüdischen Gemeinde zugeordnet worden war, das gesamte Familienvermögen durchbrachte und floh. Doch zuallererst wollte er unabhängig bleiben. Schließlich kümmerten sich einige reiche Gönner (darunter Verwandte Glikls) um die Geldgeschäfte Zwi Hirschs, investierten sein Geld für ihn im Edelsteinhandel und unterhielten den Rabbi und seine Familie mit den Gewinnen.

Zwi Hirsch war auch ein berühmter Richter, der in Streitfällen schlichtete, Armenhilfeprojekte begutachtete, *Responsa* auf Anfragen von aschkenasischen und sephardischen Juden aus ganz Europa, von

London bis Lvóv/Lemberg, verfaßte und später veröffentlichte. Ob er häretische Ansichten entlarvte, die Rechtmäßigkeit eines Scheidungsspruchs beurteilte oder die Legitimität einer Thorarolle feststellte, er sah sich gern als jemand, der »keinen Menschen fürchtete«, wie mächtig er auch sein mochte, und als »Vater und Beschützer der Armen«.

Einige seiner Gutachten befaßten sich direkt mit ökonomischen Fragen, so wenn er die Auffassung vertrat, wer gegen Zins Geld verleihe, verstoße gegen die Thora.[33]

Um Reichtum und Geschäft ging es auch bei komplexen und verwickelten Streitfällen. So im Jahr 1709, als ein Konflikt, in dem drei verschiedene Streitpunkte zusammenkamen, zu Zwi Hirschs Rücktritt als Rabbi führten. In Hamburg lag er in ständigem Streit mit Bär Cohen, einem Kaufmann, der als armer Mann nach Hamburg-Altona gekommen und sehr reich geworden war. Cohen widmete sich zwar auch eifrig dem Talmudstudium und zeigte sich mildtätig gegenüber Bedürftigen. Aber er hatte die Mitglieder der jüdischen Gemeinde in Angst und Schrecken versetzt mit seinem hinterlistigen Verhalten gegenüber denen, die er nicht leiden konnte: er streute falsche Gerüchte über sie aus, um ihren Kredit bei Juden und Nichtjuden zu untergraben, und brach ganz unvermittelt die Geschäftsbeziehungen mit ihnen ab. Ganz willkürlich legte er die Zinsen fest, erhöhte oder verringerte sie, ganz wie es ihm gefiel.

Jakob Emden zufolge zog sich sein Vater den Haß Bär Cohens zu, als er Bär diese unmoralischen ökonomischen Praktiken vorwarf. Nach Glikls Aussage kam Zwi Hirsch Bär Cohen in die Quere, als er den Kaufmann an ein Versprechen erinnerte, das er seiner ersten Frau auf ihrem Sterbebett gegeben hatte – er werde Glückchen, die von ihnen aufgezogene junge Nichte, heiraten. Bär fand schließlich andere Rabbiner, die ihn des Versprechens entbanden, mit einer »Waise«, die er »in seinem Haus erzogen [hatte] als sein Kind«, die Ehe einzugehen. Ganz im Sinne der rabbinischen Tradition kam es wegen einer kniffligen Frage des religiösen Gesetzes zwischen Bär Cohen und Zwi Hirsch Aschkenasi zum Streit. Der Rabbi wurde gefragt, ob ein Huhn ohne Herz koscher sei. Ja, antwortete Zwi Hirsch in einem berühmten Gutachten: die Frau hatte wohl beim Ausnehmen des Huhns das Herz fallengelassen oder verloren, oder sie hatte es nicht als solches erkannt; doch gebe es kein Huhn ohne Herz, folglich sei es koscher. Bei den Rabbis in fern und nah gab es einen Aufschrei ob dieses *Responsum*. Unter den Gegnern war ein Rabbi namens Moses Rothenberg, den Bär Cohen und seine Verbündeten als künftigen Rabbi von Altona unterstützten. Da er das Rabbineramt nicht zusammen mit einem solchen

Mann ausüben wollte, trat Zwi Hirsch zurück und zog ein Jahr später mit seiner Familie nach Amsterdam.[34]

Seine vier Jahre in Amsterdam (1710–1714) glichen der Zeit in Hamburg-Altona, außer daß er ein höheres Gehalt von der aschkenasischen Gemeinschaft erhielt und über noch mehr Handelsstreitigkeiten zu urteilen hatte als vorher. Dann hatte er einen ernsten Zusammenstoß mit den sephardischen Gemeindevorstehern der Stadt, die ihn anfangs freundlich willkommen geheißen hatten. Ein gewisser Nehemia Chajjon war aus der Levante über Berlin nach Amsterdam gekommen, und Zwi Hirsch behauptete, seine Schriften unterstützten den falschen Messias Sabbatai Zewi.[35] (Sabbatai Zwi war im Dezember 1665 zum Messias proklamiert worden und hatte dann die meisten seiner zahlreichen Anhänger in ganz Europa enttäuscht, als er zum Islam übertrat. Jahrzehnte später glaubten einige wenige immer noch, er sei der Erlöser der Juden in musulmanischem Gewand. Rabbis wie Zwi Hirsch suchten ständig nach sabbatianischen Irrlehren, Visionen und Weissagungen in scheinbar harmlosen Schriften.) Als eine sephardische Kommission im Gegenteil feststellte, Chajjons Schriften seien nur gute mystische Kabbalistik, war Zwi Hirsch damit nicht einverstanden und weigerte sich, sich zu entschuldigen, da er die »Entheiligung von Gottes Namen« fürchte, falls er einen falschen Widerruf täte.[36]

So packte er erneut seine Siebensachen und verließ mit seiner Familie Amsterdam. Nach weiteren Wanderjahren – darunter einem Aufenthalt in London, wo er in den Straßen sowohl von den Sepharden wie den Aschkenasim »wie ein König« empfangen wurde – wurde er in Südpolen seßhaft. Dort wurde er beherbergt, beköstigt und mit seiner ganzen Familie versorgt von dem frommen Israel Rubinowicz, dem Verwalter der ausgedehnten Ländereien, Dörfer und Städte der Familie Sieniawski. Er starb 1718 als Rabbi von Lvóv/Lemberg.[37]

III

Die hier verwendeten autobiographischen und/oder biographischen Texte schöpfen, auch wenn ihre Verfasser einen unterschiedlichen Bildungshorizont hatten, aus bestimmten gemeinsamen Quellen. Glikl begann 1689 ihre jiddischen Memoiren zu verfassen, um ihre »melancholischen Gedanken« zu vertreiben, die sie nach dem plötzlichen Tod ihres ersten Ehemannes befallen hatten, und führte sie während ihrer Witwenjahre und nach ihrer Wiederverheiratung in Metz fort.

Obwohl ihre Praxis in exakter Buchführung auch die Fähigkeit zur Selbstbeobachtung gefördert haben mag, war ihre Selbstbiographie doch kein Abfallprodukt eines kaufmännischen Hauptbuchs oder *livre de raison*, wie so oft im christlichen Italien und Frankreich. Jüdische Lebensgeschichten wurden vielmehr durch die jahrhundertealte Tradition »moralischer Testamente« befördert, eine Darlegung moralischer Lehren und persönlicher Weisheiten, die zusammen mit Anweisungen für das eigene Begräbnis und Verfügungen über Hab und Gut an die Kinder weitergegeben wurden.[38] Diese Verbindung hilft uns, die moralische Spannung in Glikls Text zu verstehen, eine Spannung, die dadurch gesteigert wird, daß sie an verschiedenen Punkten Märchen einfügte, um ihre Lebensgeschichte zu veranschaulichen oder zu kommentieren. Die kulturellen Ressourcen, aus denen sie schöpfte, waren in ersten Linie die umgangssprachlichen Quellen, die jüdischen Frauen und »Männern, die wie Frauen sind« (weil sie das Hebräische nicht gut beherrschten), zugänglich waren: jiddische Bücher mit Auszügen aus der Heiligen Schrift und aus rabbinischen Kommentaren, moralische Erbauungsschriften und Gebetbücher, alle Arten von Geschichten, *Zeytungen* und Volksbücher in deutscher Sprache. Die Zwiegespräche mit sich in ihrem Selbstzeugnis sind nicht durch den Stil talmudischer Analyse von Fällen wie dem Huhn ohne Herz geprägt, sondern von der – männlichen und weiblichen – mündlichen Überlieferung, die immer beginnt mit »das erinnert mich an eine Geschichte«.

Jakob Emden wurde 1697 in Hamburg-Altona als viertes Kind und erster Sohn von Zwi Hirsch und Sarah geboren.[39] Er wurde von seinem Vater erzogen und bildete sich durch seine Reisen und eigenen Erfahrungen; Jakob besaß eine breite Bildung, weitgespannte Interessen und beherrschte viele Sprachen (neben Hebräisch und Jiddisch auch Deutsch, Niederländisch und Latein). Religiöse Verbindungen quer durch Europa unterhielt er indes im wesentlichen mit aschkenasischen Rabbis und Gemeinden; seinen Namen »Emden« nahm er nach seiner kurzen Tätigkeit (1728–1733) als Rabbi in der gleichnamigen norddeutschen Stadt an. Zumeist lebte er als Gelehrter und Schriftsteller, niedergelassen mit seiner ersten, zweiten und dritten Frau sowie seinen Kindern bis zu seinem Tod im Jahr 1776 in Altona, wo er seine Schriften im eigenen Haus selbst druckte. Wie sein Vater bemühte er sich, heimliche Sabbatianer zu entlarven, und verfaßte andere Werke über das jüdische Gesetz und die Liturgie. Wie sein Vater wandte er sich gegen Geschäftspraktiken, die gegen das jüdische Gesetz verstießen, machte sich mit seinen klaren Stellungnahmen zahlreiche Feinde. In seinem Gebetbuch *Siddur* zitierte er einen alten Weisen mit den Worten »Du sollst Deinen Sohn nicht lehren, Gewürze zu verkaufen«, und fuhr fort: »wir könnten dem heutzutage die Geldleihe hinzufügen, denn das Räuberunwesen dieser Leute verursacht alles mögliche Unheil.«[40]

Wie sein Vater weigerte er sich, Geschenke anzunehmen, während er sich zugleich über Schwiegerväter und Schwäger, die ihn um das brächten, was ihm zustünde, und über Schuldner seines verstorbenen Vaters ereiferte, bei denen er nichts eintreiben könne. Schließlich akzeptierte er nach 1730 zehn oder zwölf Jahre lang die Patronage der Familie Norden, die »in ganz Aschkenas für ihren Wohlstand, ihren guten Namen und ihren offenen Beutel für den Bedürftigen bekannt« waren, und engagierte sich im Edelsteinhandel mit den Waren, die sie ihm zur Verfügung stellten. Später trieben ihn die Bedürfnisse seiner wachsenden Familie zu anderen kurzlebigen Handelsaktivitäten mit Uhren aus England, Tee oder Lotterielosen; er machte selbst kleine Pfandleihgeschäfte (womit seine erste Frau begonnen hatte). Doch nichts gelang ihm, die Gewinne »gingen in Rauch auf«. Entweder hatte er Pech auf dem Markt, sich als unfähig erwiesen oder man hatte ihn betrogen oder reingelegt. Wenn nur seine zweite Frau, die aus einer Kaufmannsfamilie stammte, eine gute Geschäftsfrau gewesen wäre: »meine Sorgen wären verschwunden gewesen und ich hätte mich meinen geliebten Studien widmen und nur an die Thora denken können«.[41]

Emden begann seine Selbstbiographie zu schreiben, als er in seinem fünften Lebensjahrzehnt stand, um seinen Kindern von den Gaben zu erzählen, die Gott ihm vermacht hatte, von seinem vielen Leid und Kummer zu berichten und sich gegen seine Feinde und Peiniger zu verteidigen. Wie Glikl wollte er, daß seine Kinder wüßten, woher sie kamen, und wie sie begann er mit einem Bericht über seine Vorfahren, der sich auswuchs zu einer ganzen Lebensbeschreibung seines berühmten Vaters Zwi Hirsch Aschkenasi, gestützt auf Briefe, Notizen und Erinnerungen. Die Komplexität seines Textes erwuchs nicht aus der Vermengung einer Lebensgeschichte mit Märchen, sondern aus der Gegenüberstellung von Biographie und Autobiographie: sein eigenes Leben wiederholte das des Vaters, unterschied sich jedoch auch von jenem und ermöglichte ihm so, sich über seinen hochgeehrten Erzeuger zu beklagen.

Untersuchen wir diese Texte zunächst daraufhin, was sie über Geld und Gewinn sagen, diesen nach Sombarts Ansicht beherrschenden »Mittelpunkt aller Lebensinteressen« für Juden. Reichstaler, das deutsche Rechengeld, tauchen häufig in Glikls Text als Kennzeichen des Reichtums auf: die Summe von Reichstalern, die eine Tochter als Mitgift erhielt oder einem Sohn oder Enkel vermacht wurden; auf wieviele Reichstaler ein Vater, künftiger Schwiegervater oder ehemaliger Geschäftspartner geschätzt wurde; der Betrag, den man auf einer Messe oder durch unkluge Geschäfte eines Sohnes verloren hatte. Manchmal verwendete sie andere Zeichen für Wohlstand: das Haus eines jüdischen Bankiers, das »gar vornehm« sei, oder die Anwesenheit und verschwenderische Bewirtung hochgestellter nichtjüdischer Gäste bei einer Hochzeit. Häufiger indes war das Kennzeichen für Reichtum einfach Geld. Wie konnte es auch anders sein, wenn deutsche Juden gewöhnlich kein eigenes Haus besitzen oder bauen, sondern nur in einem dichtbevölkerten Judenviertel oder Ghetto ein Haus mieten konnten, wenn sie nur selten Land oder Liegenschaften besaßen? Zweimal führte Glikl politische Verbindungen an, um Reichtum und Status zu bestimmen: einmal, als sie über Chajims früheren Geschäftspartner Judah Berlin sagte, er sitze »noch in solchem Geschäft und Aestimation bei dem hohen Kurfürsten [von Brandenburg] ... daß, falls er so fort macht und Gott – er sei gelobt – nicht dawider ist, dann wird er zu seiner Zeit als der reichste Mann in ganz Aschkenas sterben«; ein andermal, als sie den künftigen Schwiegervater ihres Sohnes, Salomon Samson, den Bankier und Hoflieferanten des Markgrafen von Baiersdorf, als »Hofjuden« bezeichnete.[42] Aber wie viele Juden bekleideten solche Ämter?

Reichstaler boten eine einfache und praktische Form, in der Neuigkeiten über den Heiratspool und Kreditmarkt zwischen den weit verstreuten aschkenasischen Gemeinden Europas zirkulieren konnten. Tatsächlich repräsentierte Geld für Glikl mehr als Reichtum. Es war ein Kürzel, nicht nur für den Goldschmuck und das Silber, das sie in Hirsch Levys Haus sah, sondern auch für den Platz in der Hierarchie des Ansehens innerhalb der Gemeinde. Bei ihren intensiven Heiratsverhandlungen mit anderen Juden waren Reichstaler gleichsam die Zählkugeln auf dem Abakus. Mindestens ebenso wichtig wie Reichtum waren indes die Verläßlichkeit und der Charakter des angebotenen Partners, die Erwartung, daß die künftigen Schwiegereltern einen jungen Sohn während der ersten Ehejahre aufnehmen und ihm eine Ausbildung geben würden, und die Aussicht, daß die Eheleute sich verstehen und viele Kinder zeugen würden. Ganz besonders interessant ist, daß Glikl Geld als Kriterium für die Kinder Israels reservierte. Für den Reichtum, die Macht und das Prestige der Menschen der »Nationen«, wie Glikl die Nichtjuden nannte, wurden andere Kennzeichen verwendet.

In seiner Theorie des Kapitalismus stützte sich Werner Sombart auf die Theorie Georg Simmels, wonach Geld immer *eine* durchgängige Bedeutung und gleichmacherische Qualität habe, eine klare Unterscheidung bewirke und dadurch (angeblich) rationale Berechnung erleichtere. In einer neueren Studie hat uns Viviana Zelizer dagegen auf die vielfältigen Bedeutungen von Geld hingewiesen und auf die verschiedenartigen Botschaften, deren Träger es ist. Glikls Memoiren sind ein perfektes Beispiel für diese Polyvalenz.[43]

Zudem pries Glikl nur selten Reichtum als solchen, sondern verband ihn gewöhnlich mit Ehre: Reichtum und Ehre, *oysher un koved*, wie ihre jiddische Formulierung lautet. »Meine Mutter hat ihre Kinder alle in *oysher un koved* verheiratet«; »[der Schwiegervater meiner Schwester] ist in Berlin in *oysher un koved* gestorben.«[44] Die Wertschätzung, die man genoß, zeigte sich auf vielerlei Weise: durch die gastliche Bewirtung, die einem bei Besuchen bei jüdischen Gemeinden beispielsweise in Berlin oder Metz zuteil wurde, oder aber durch seinen Platz bei Tisch. Ein Mann wurde dadurch geehrt, daß die Gemeinde ihn für ein Amt auswählte oder dazu bestimmte, mit der christlichen Obrigkeit zu verhandeln; ein Rabbi durch Einladungen von verschiedenen Gemeinden, bei ihnen zu lehren.

Für Juden im allgemeinen war *koved* besonders verbunden mit Ehrlichkeit und Redlichkeit in Geschäftsdingen. Chajim und Glikl suchten und lobten beständig jüdische Geschäftspartner als *erlikher, redlikher*, und es war eine Ehrensache für Glikl, daß sie Hamburg verließ und »keinem Menschen, Juden wie Nichtjuden, einen Reichstaler schuldig gewesen« ist.[45] (Dies ist nicht ganz die Wahrheit, denn sie ging weg, ohne die Abzugssteuer an die Stadt und das Abzugsgeld an die Jüdische Gemeinde gezahlt zu haben – aber diese hatten offenkundig nicht die gleiche Bedeutung für sie wie Geschäftsschulden.)

Bei Glikls Furcht vor einem geschäftlichen Falliment ging es sehr stark um Schande und Entehrung. In bezug auf Nichtjuden war ein Bankrott das allerschlimmste, denn er konnte sowohl andere Juden in Mitleidenschaft ziehen als auch *Hillul ha-Shem* mit sich bringen, die Entweihung von Gottes Namen. Im Rückblick auf ihr Leben unmittelbar nach dem Bankrott ihres zweiten Ehemannes in Metz schrieb sie, »ich hätte es mir nicht in den Sinn kommen lassen sollen, wieder einen anderen Mann zu nehmen. Denn ich hätte doch keinen Reb Chajim Hameln wieder bekommen können.« Statt dessen habe sie »leider müssen in eines Mannes [Hirsch Levy] Hand fal-

24

len, daß ich gerade dieselbige Schande erlebt, vor der ich Sorge gehabt hatte«.[46]

In seinem *Parfait Négociant* [Der vollkommene Kaufmann] von 1679 sprach Jacques Savary, Verfasser der französischen *Ordonnance sur le commerce* von 1673, vom Handel als »nützlich und ehrenhaft«. Ein geschäftlicher Zusammenbruch brachte Schande und Ehrverlust, selbst wenn er eher einem Mißgeschick geschuldet war als zu großer Lagerhaltung, leichtsinnig gewährter Darlehen oder anderen unklugen Handlungen auf der Jagd nach dem schnellen Geld. Und das sei richtig so, denn das Publikum mußte Vertrauen in Kaufleute und Unternehmer haben: »auf nichts müssen Kaufleute eifersüchtiger achten als auf ihre Ehre.« Savary legte bankrott gegangenen Kaufleuten nahe, sie sollten eine bescheidene Haltung annehmen und sich mit freundlichen Worten an ihre Gläubiger wenden. Dies war nicht nur ein wohlfeiler Ratschlag auf dem Papier. Thomas Luckett hat gezeigt, wie wichtig es für die Kaufleute im Paris des achtzehnten Jahrhunderts war, im Ruf der Ehrbarkeit zu stehen, und welche Schande ein Bankrott bedeutete.[47]

Die christlichen Kaufleute achteten auf ihre Ehre, um sich gegen die traditionelle adlige Verachtung für die gewinnsüchtige Natur ihres Gewerbes zu verteidigen. Die jüdischen Kaufleute dagegen behaupteten ihre Ehre gegenüber einer christlichen Welt, die ihnen selten mehr zugestand als das geringe Ehrgefühl Shylocks, der sich von Antonios Unverschämtheit nur wenig beleidigt fühlte. Von den christlichen Zeitgenossen der frühen Neuzeit kaum anerkannt, wurde das tiefgehende jüdische Ehrgefühl, *koved*, von Sombart völlig ignoriert, und ihm wurde auch von anderen, die sich mit jüdischer Kaufmannskultur beschäftigt haben, nicht der gebührende Platz eingeräumt. Noch allgemeiner gesagt, haben wir es hier mit einem Element zu tun, das zur Geschichte des Kredits in der frühen Neuzeit hinzuzufügen wäre. Craig Muldrew hat gezeigt, daß nachbarschaftliche Verbundenheit, gestützt durch die christliche Morallehre, dazu diente, die ausgedehnten Kreditbeziehungen in englischen Gemeinden des siebzehnten Jahrhunderts zu gewährleisten, und dies weitgehend unabhängig von der Drohung mit einem Rechtsstreit.[48] Die Beispiele aus den jüdischen und christlichen Milieus zeigen, daß Ehre und Schande in beiden eine gleichartige Rolle für die Garantie von Kreditbeziehungen zwischen Kaufleuten spielten.

Glikl meinte also, Ehre zähle in einem guten Leben ebenso viel wie Reichtum, ging jedoch bisweilen noch sehr viel weiter und äußerte ihren Kindern gegenüber Zweifel am Wert von Reichtum. Über dieses Thema hielt sie mit sich in ihrer Selbstbiographie immer wieder

Zwiesprache. Auf einer Seite sagte sie bewundernd von einem jung gestorbenen Onkel: »Wenn ihm Gott – er sei gelobt – sein Leben gelassen hätte, wäre eine großer Mensch aus ihm geworden, denn Gott hatte ihm eine glückliche Hand gegeben. Wenn er, mit Verlaub, Mist in seine Hand genommen hat, kann man fast sagen, daß Gold daraus geworden ist.« Auf einer anderen Seite fragte sie, »wer weiß ... ob es uns gut ist, daß wir im Diesseits in großem Reichtum leben ... und unsere Zeit in lauter Wollust in dieser vergänglichen Welt zubringen?« Ein jüdischer Kaufmann konnte in dieser Welt hoch aufsteigen, aber er oder sie konnten auch schnell wieder fallen. Wie war es denn mit Chajims Bruder Abraham gewesen, »voller Thora-Wissen ... wie ein Granatapfel voller Kerne«, der nach seinen Studienjahren in Polen in Hannover zu Reichtum gelangt war und durch die Betrügereien seiner Partner völlig ruiniert worden war? Wenn sie ihren Kindern erzählte, daß Chajim seine Verluste aus einem zu seinen Ungunsten verlaufenen Rechtsstreit durch gute Geschäfte auf der Messe wieder habe wettmachen können, weil »der liebe Gott ... unsere Unschuld [sah]«, erklärte sie zugleich, daß böse und hinterlistige Menschen oft zu großem Reichtum kämen.[49]

Nicht immer ließen sich mithin die Wege des HErrn in bezug auf weltlichen Reichtum verstehen. Am besten sei man stets Hiobs Mahnung gewärtig: »Wir sind nackt geboren und müssen wieder nackt dahingehen.« Glikl erzählte ihren Kindern die Geschichte, wie Alexander der Große die Grenzen des Strebens nach Gütern kennengelernt hatte. Er hatte den Weg zum Garten Eden gefunden, wurde aber nicht eingelassen, da er nicht gerecht sei. Als er um ein Zeichen dafür bat, am Tor zum Garten Eden gewesen zu sein, warf man ihm ein Auge heraus und sagte ihm, er solle es auf einer Waage mit all seinem Gold und Silber aufwiegen. Das Auge werde immer schwerer sein als alles. Auf Bitten seines Lehrers Aristoteles warf er etwas Erde auf das Auge, und sofort verlor es sein Gewicht. Aristoteles erklärte ihm, das Auge sei unersättlich, solange es bei einem lebendigen Menschen sei, doch wenn dieser sterbe, genüge ein wenig Erde.[50]

Im Selbstzeugnis von Glikl bas Judah Leib kommt nicht Sombarts »Vorwalten der Geldinteressen« zum Ausdruck, sondern eine tiefe Ambivalenz gegenüber dem unendlichen Streben nach Gewinn. Im Leben von Zwi Hirsch Aschkenasi, wie es von seinem Sohn beschrieben worden ist, gab es eine noch stärkere Spannung gegenüber dem Reichtum. Reichstaler und andere Münzen werden in Verbindung mit Mitgiften, Gehältern und Schulden erwähnt, aber sie waren als Kennzeichen in Zwi Hirschs Leben weniger bedeutsam als in demjenigen

Glikls. Statt Geld waren in seinem Leben Gelehrsamkeit und rabbinische Abstammung die Träger vielfältiger Bedeutungen. Zwi Hirsch stellte insbesondere in seinem Amt als Richter den Reichtum in Frage. Er war »der Gerechte«, wie ihn sein Sohn gern nannte. So streng er auf die Beachtung der Fasten- und Reinigungsgesetze achtete und die Nachlässigkeiten der Bäcker bei der Herstellung des Passahbrot und der Metzger beim Schlachtritual verurteilte, so streng wandte er sich auch gegen wirtschaftliche Praktiken, die gegen das Gesetz verstießen. Wenn er in Streitfällen urteilte, »machte er für niemanden eine Ausnahme und begünstigte nicht die Reichen, denn Geld glich in seinen Augen ›Steinen und Goldstaub‹« (er bezog sich hier auf Hiob 28, wo die Reichtümer der Erde Gottes unzugänglicher Weisheit gegenübergestellt werden). Er verurteilte Darlehen zu festem Zins und plädierte statt dessen für Pfandleihen, »die nach dem Gesetz von Liebe und Anstand gewährt werden« sollten.[51]

Zwi Hirschs Feinde waren durch unrechtmäßige Gewinne und unmoralisches Handeln reich geworden: Bär Cohen, sein Gegner in Hamburg, der mit Lügen und Gerüchten den Kredit anderer Kaufleute untergrub; Moses Rothenberg, sein Konkurrent um das Rabbinat von Altona, der einen anderen Rabbi, weil dieser eine Schuld nicht zurückzahlen konnte, in ein christliches Gefängnis gebracht und dadurch den Tod des armen Mannes – noch dazu an einem Sabbat – verursacht hatte; Aaron Gokkes und seine beiden Partner in Amsterdam, die Anführer einer korrupten Fraktion unter den Aschkenasim, »die ein großes Vermögen unter Mißachtung des Gesetzes angehäuft hatten«. Da es ihnen nicht gelang, Zwi Hirsch durch Bestechung zu bewegen, sie gegen die »Männer, die Recht und Frieden achteten«, zu unterstützen, versuchten Gokkes und seine Komplizen, ihn aus seinem Rabbinat zu drängen.[52]

Doch Gott hatte ein wachsames Auge auf diese reichen Übeltäter. Er beließ zwar Bär Cohen und seinen Sohn in ihrem Wohlstand, doch die Enkel Bär Cohens mußten am Bettelstab gehen, wie Jakob Emden schrieb. Moses Rothenberg hatte zwar das Rabbinat von Altona erlangt, war aber bankrott gegangen. Die drei Aschkenasim in Amsterdam verloren ihre Ämter im Gemeindevorstand, und zwei von ihnen starben auf entsetzliche Weise: der eine wurde erwürgt, der andere brach sich bei einem Sturz vom Wagen das Genick.

Dennoch wird Reichtum im Leben Zwi Hirschs nicht absolut verdammt. Das »Streben nach Gütern« war nach dem Talmud erlaubt, und nichts war falsch daran, daß Zwi Hirsch die aschkenasische Gemeinde von Amsterdam bat, das Rabbinergehalt zu erhöhen, wenn er mit seiner großen Familie in die Stadt kommen sollte. Sein Vorgänger im Amt des Rabbi hatte sein Jahresgehalt mit vielen Geschenken von Amsterdamer Familien aufgebessert – Geschenke, die der Gerechte sich anzunehmen weigern würde. In der Lebensbeschreibung seines Sohnes steht Zwi Hirsch für eine unabhängige und maßvolle Haltung zum Reichtum; er wollte lieber von einem klar vertraglich vereinbarten Gehalt leben als von zwiespältigen, zu Dank verpflichtenden Geschenken. Sogar mit erlaubtem Einkommen hielt er es sehr genau: als er in einem Jahr den nach Hamburg-Altona eingeführten koscheren Wein für unrein erachtete, weil dieser mit Soldaten in Berührung gekommen war, ließ er lieber alle Fässer ausschütten, als sich seinen erlaubten Anteil durch den Verkauf des Weins an Nichtjuden zu sichern. Alles, was die Bedürfnisse seiner Familie überstieg, spendete er, so beispielsweise die üblichen Zahlungen der streitenden Parteien für den Urteilsspruch des Rabbi, die er der Amsterdamer Gemeinde überließ.

Wenn Gott bisweilen reiche Übeltäter bestrafte, so konnte er auch gelegentlich die Guten mit materiellen Gütern belohnen. Eine der Früchte, die Zwi Hirschs Rabbinat in Hamburg-Altona zugeschrieben wurden, war der Wohlstand der ganzen Gemeinde (diese Ansicht stammte vielleicht vom Vater selbst, da der Sohn erst in der Mitte der Altonaer Zeit geboren wurde):

»Solange der Ruhm meines Vaters in [der Dreiergemeinde Hamburg-Altona-Wandsbek] weilte, solange herrschte dort auch Segen. Die Mitglieder der Gemeinde machten gute Geschäfte, und alles, was sie unternahmen, gelang ihnen. Viele wurden reich, und die Gemeinden wuchsen und nahmen zu an Ehre und Reichtum. Es gab wirklich Geld im Überfluß… Die drei Gemeinden übertrafen alle anderen in Aschkenas bis zu dem Tag, an dem mein Vater – frommen Angedenkens – fortging. Danach gerieten sie in ernste Schwierigkeiten.«[53]

Großer Reichtum war für Zwi Hirsch akzeptabel, zumindest bei anderen, doch nur, wenn er rechtmäßig erworben und gebührend mit Frömmigkeit, Liebe der Thora und Mildtätigkeit verbunden war. Ein solcher Mann war der »steinreiche« Hirsch Hannover, der Zwi Hirsch einen Besuch abstattete, um mit ihm religionsgesetzliche Fragen zu diskutieren, und ihn inständig bat, eine Bezahlung für eine Stunde Talmudstudium am Tag anzunehmen. Ein anderer war Israel Rubinowicz, der Gutsverwalter der Sienawski, der Zwi Hirsch und seine Familie in dessen letzten Lebensjahren in einem großen Haus bei Czestochowa [Tschenstochau] unterhielt. Zwi Hirsch gestattete sich selbst schließlich, solche Gaben zu empfangen, weil Rubinowicz »ein sehr rechtschaffener und gottesfürchtiger Mann« war, »der aus seinem Haus ein Tabernakel für den Thoradienst machen wollte«.[54] Rubinowicz, wie Glikl und andere Kaufleute, achtete auch auf die Ehre. »Ich schätze die Gunst meiner Herrin höher als Geld«, schrieb er an Elisabeth Sieniawska nach einem unvorteilhaften Edelsteingeschäft, dessen Verluste er zu übernehmen anbot. »Wie arm ich auch sein mag, selbst wenn ich alles verloren hätte, immer werde ich gewärtig sein, meine Ehre zu bewahren.«[55] Dies bringt uns zurück zu Zwi Hirschs Sorge um die Ehre und den »guten Namen«, die durchgängig in seinen wechselnden Beurteilungen von Reichtum präsent ist. Die Verteidigung des guten Namens ist tatsächlich ein Hauptanliegen von Emdens ganzer Biographie/Autobiographie. Der »gute Name« gewann für den einzelnen, die Familie, das jüdische Volk eine so intensive Bedeutung durch seine tiefe Verbindung mit *Hillul ha-Shem*, der Angst, den Namen des HErrn zu entheiligen oder zu schänden. Zwi Hirschs Eifer bei der Verfolgung sabbatianischer Irrlehren, seine Weigerung, sich bei einem von ihm des Sabbatianismus Verdächtigten zu entschuldigen, und seine anderen religiösen Feldzüge waren getrieben von *Hillul ha-Shem*.

Zwi Hirsch Aschkenasis silbernes Siegel zeigt, wie die Ehre die verschiedenen Aspekte der jüdischen Sensibilität miteinander verband: es hatte einen gravierten Griff mit zwei Löwen (die Löwen Judas), welche Gesetzestafeln hielten, auf denen die Buchstaben für *shem tov*, »guter Name«, eingraviert waren. Auf dem Petschaft war ein Hirsch – die Bedeutung des hebräischen *zwi* und des jiddischen *Hirsch* – in einer Krone neben den Buchstaben für *keter Torah*, die »Krone der Thora«. Dies ist eine Anspielung auf eine Passage im *Mischnah* [*Avot* 4,13]: »Rabbi Simeon sagte, ›Es gibt drei Kronen: die Krone der Thora, die Krone der Priesterschaft und die Krone des Königtums; aber die Krone des guten Namens steht über ihnen allen‹.«[56]

IV

Vielfältige Bedeutungen des Geldes, Ambivalenz des Reichtums und die Spannweite der Einstellungen zu ihm, der Reichtum im Ansehen übertroffen vom Ruhm eines Rabbi, ein an Bedeutung alles übertreffendes Gefühl für die Ehre und den guten Namen bei Juden und Nichtjuden – die Selbstbiographie Glikls und die Lebensbeschreibung Zwi Hirschs ergeben keine wesenhaften »jüdischen« Merkmale oder den »Geist des Kapitalismus« nach Sombartscher Definition. Die jüdische Ehre steht, gegen Sombarts Behauptungen, vor allem anderen. Weber und Tawney würden uns sicherlich auffordern, das Verhältnis zwischen dem Rabbi und dem frommen, moralisch handelnden Kaufmann, zwischen rabbinischer Heiligkeit und dem materiellen Wohlstand der Gemeinde genauer zu erläutern, aber eine solche Analyse würde uns nicht zu jener »rationalen Berechnung« führen, auf die sie hinaus wollten.

Wir wollen gleich auf die »Ursprünge des Kapitalismus« zurückkommen, doch zunächst noch zwei andere Aspekte der jüdischen Kultur des siebzehnten Jahrhunderts betrachten, die sich aus diesen Schriften ergeben. Der erste Aspekt ist die enge Verbindung, die Durchlässigkeit zwischen Familien- und geschäftlichen Angelegenheiten. Chajim kam von der Messe mit Heiratsvorschlägen zurück, und Neuigkeiten über Mitgiften wurden genauso begierig erwartet wie Nachrichten über den Danziger Perlenhandel. Glikls zahlreiche Reisen zu Heiratsverhandlungen oder Hochzeitsvorbereitungen brachten auch geschäftlichen Gewinn: Edelsteine wurden in Amsterdam nach der Hochzeit einer Tochter, in Wien nach der Trauung eines Sohns verkauft; ein Jahrmarkt in Naumburg kam gerade recht nach einer Verlobungsvereinbarung in Bayreuth; Mitgiften der Kinder wurden gegen Zins verliehen, bis sie bezahlt werden mußten. (Jakob Emden verlieh einen Teil der Mitgift seiner zweiten Frau an einen Hamburger Christen gegen die Möbel als Sicherheit, aber mit seinem üblichen Pech wurde die Schuld nicht zurückgezahlt, und als Emden beim Haus seines Schuldners eintraf, hatte bereits ein anderer Gläubiger die Möbel abtransportiert.) Glikls Zeitplanung war nicht einfach auf Zeitersparnis im Sinne Benjamin Franklins ausgerichtet, sondern zeugt von der engen Verknüpfung verschiedener Lebensbereiche.

Die gleiche Durchlässigkeit gab es auch in den Streitigkeiten, welche die jüdischen Gemeinden entzweiten und zusammenhielten. Familie und Geschäft waren verwoben mit Kämpfen um religiöses Prestige und Auseinandersetzungen über die Auslegung des Gesetzes. Wir haben dies bereits im Streit zwischen Zwi Hirsch Aschkenasi und Bär Cohen gesehen. Betrachten wir nun eine andere derartige Verquickung in einem Geschehen, an dem sowohl Glikls Kinder als auch der gelehrte Zwi Hirsch beteiligt waren, und das zum Teil von Jakob Emden berichtet wird.[57] Nach Chajims Tod verheiratete Glikl ihre Tochter Freudchen mit Mordechai ben Moses, dem Sohn des Hamburger Kaufmanns und gelehrten Talmudisten, der für Zwi Hirsch dessen Geld im Edelsteinhandel investierte – er war einer der »guten Kaufleute«. Ende der 1690er Jahre gingen Mordechai und Freudchen nach London, wo Mordechai im Diamantenhandel tätig wurde. 1706 vollzog der Rabbi der kleinen aschkenasischen Gemeinde in London privat die Scheidung eines gewissen Ascher Ensel Cohen von seiner Frau. Schwer verschuldet und dem Spiel verfallen, wollte Ensel nach Westindien gehen, um seinen Gläubigern zu entkommen. Die Scheidung sollte nur wirksam werden, wenn er nicht zurückkehrte. (Tatsächlich war die Scheidung eine damals von Christen und Juden angewandte Strategie bei einem Bankrott, um das Vermögen des Ehemanns zu schützen, indem man es der Ehefrau übertrug.)

Als sich die Neuigkeit über die Scheidung verbreitete, erhob Mordechai ben Moses Einspruch: die Scheidung sei ungültig, weil sie ohne Konsultation ausgesprochen und heimlich im Kämmerlein von einem sephardischen Schreiber aufgesetzt worden sei. Jeder wußte, daß ein aschkenasischer Schreiber oft zehn Überprüfer anforderte, bevor eine Scheidungsurkunde als einwandfrei galt, insbesondere, wenn sie für einen Cohen, das heißt einem Nachkömmling des Hohepriesters Aaron, ausgefertigt wurde. (Mordechais Verdacht war begründet: der sephardische Schreiber war ausgewählt worden, weil der Schwiegersohn des aschkenasischen Schreibers sein Geld beim Kartenspiel mit Ensel verloren hatte, und man befürchtete, der erboste Schwiegervater würde bei diesem dubiosen Plan nicht mitmachen.) Der Rabbi war erzürnt: War es nicht alter Brauch, daß kein Jude sich gegen eine Scheidung wenden durfte, die ordentlich ausgesprochen worden war? Mordechai wurde exkommuniziert und der Bann über ihn verhängt: kein Aschkenasim durfte mit ihm verkehren, seine Söhne durften nicht die Schule besuchen, und Freudchen wurde das Recht verweigert, ihre neugeborene Tochter zur Namensgebung in die Synagoge zu bringen.

Die Affäre verbreitete sich sogleich über die Kommunikationsnetze zwischen den jüdischen Gemeinden, veranlaßte Rabbis in verschiedenen Städten, Gutachten zu verfassen, und führte zum Erscheinen gedruckter hebräischer Pamphlete mit Titeln wie *Orakel* und *Die wahre Geschichte eines Rabbi*. Selbst an der Londoner Börse wurde darüber gesprochen.[58] Mordechai wandte sich an den angesehenen Zwi Hirsch Aschkenasi. Dieser war nicht nur mit Mordechais Vater befreundet, sondern zugleich mit dem erzürnten Rabbi verwandt – doch der Gerechte »fürchtete keinen Menschen«. Er sandte aus Hamburg-Altona eine lange Stellungnahme, die Mordechai in allen Punkten in Schutz nahm und unter dem Titel *Ein wichtiges Ereignis* zirkulierte. Auch Rabbis aus Amsterdam und Rotterdam vertraten die Meinung, Mordechai sei viel zu streng bestraft worden. Mordechai gründete dann eine Synagoge mit einem *Minyan* [Mindestzahl der Betenden für eine Synagoge] in seinem Haus und baute seinen eigenen Friedhof. Er erlangte später eine führende Stellung im Diamantenhandel mit Madras.[59] Diese Geschichte paßt nicht in das – von Max Weber stammende und von Raymond de Roover in seiner Untersuchung über die Medici-Bank weiterentwickelte[60] – Modell, wonach die Trennung der geschäftlichen Strategie und Buchhaltung von der häuslichen Strategie und Rechnungslegung ein notwendiger und unvermeidlicher Schritt auf dem Weg zu einem fortgeschrittenen, rational organisierten Unternehmen sei. Hier scheint beinahe das Gegenteil der Fall zu sein. Sich überschneidende Handlungsstränge und Kommunikationsnetze, in denen Diamantenpreise, Scheidungsbriefe, religiöse Bannsprüche, Bankrotte und rabbinische Ermahnungen umherschwirrten, scheinen gleichzeitig die unternehmerische Initiative, den religiösen Eifer und die Intensität des Familienlebens gesteigert zu haben.

Ist dies vielleicht ein spezifisch jüdischer Stil? Nur vergleichende Forschung könnte diese Frage beantworten. Familien- und Geschäftsangelegenheiten überschnitten sich sicherlich auch in der christlichen Welt. Was die Verquickung im Fall der Juden häufiger machte, ist der spezifische Charakter der jüdischen Siedlung und der Geschäftspartnerschaften. Die über Europa verstreuten deutsch-jüdischen Kaufmannsfamilien kannten einander, und das Geflecht von Verschwägerungen war sehr ausgedehnt. Partnerschaften wurden gewöhnlich innerhalb der Verwandtschaft oder zumindest unter Bekannten gesucht; große Geldbeträge wurden nicht durch eine relativ anonyme Handelsgesellschaft oder mittels staatlicher Anleihen rasch zusammengetragen, sondern etwa durch ein Gespräch nach dem Gebet in der Synagoge. Besonders wichtig war, daß Konflikte aller Art vor den Rabbi getragen wurde, der sein Gutachten oder sein Urteil abgab – einschließlich bei geschäftlichen Streitigkeiten unter Juden. (Bisweilen verklagten Juden einander auch vor christlichen Gerichten, ein skandalöses Vorgehen, das Glikl wie Jakob Emden empört verurteilten.)[61] Die Verquickung von Familie, Wirtschaft und Religion in einem einzigen öffentlichen Erzählstrom wurde mithin begünstigt durch den Charakter und die Praxis des jüdischen Gesetzes.

Das zweite Beispiel jüdischer Geschäftskultur – die Formen, in denen mit dem Geheimnis umgegangen wurde – ist eine ausgefeiltere Variante eines allgemeinen Verhaltensmusters von Kaufleuten in Europa. Stephanie Jed hat dies mit aufschlußreichen Ausführungen über das Geheimnis und die Buchführung von Kaufleuten in der christlichen Welt von Florenz im fünfzehnten Jahrhundert gezeigt. Sie argumentierte, das Führen geheimer Geschäftsbücher habe Kaufleuten ein Gefühl des Schutzes ihrer Familieninteressen gegeben und sei auch Teil des Prozesses gewesen, durch den »eine konzeptuelle Unterscheidung zwischen öffentlicher und Privatsphäre« gewahrt worden sei.[62] Mit den Rechnungsbüchern der aschkenasischen Juden sah es etwas anders aus. Sie wurden in Jiddisch, in hebräischen Schriftzeichen geführt und konnten deshalb selten von Christen gelesen werden. Glikl hat ihre Bücher in Hamburg wohl in Jiddisch geführt und wahrscheinlich nie daran gedacht – mit Ausnahme eines Augenblicks, als Chajim (zu Glikls Entsetzen) überlegte, einen früheren Geschäftspartner vor einem christlichen Gericht zu verklagen –, Übersetzungen ins Deutsche anzufertigen oder anfertigen zu lassen. In Frankreich mußten nach der Konkursordnung von 1673 alle Kaufleute ordentlich unterschriebene Bücher führen, von den jüdischen Kaufleuten in Metz wurde verlangt, sie in Französisch und in Jiddisch zu halten. Glikls Schwiegersohn Moses Schwabe wurde 1707 mit einer Strafe belegt, weil er sich nicht daran gehalten hatte.[63]

Die Korrespondenz zwischen aschkenasischen Juden wurde ebenfalls gewöhnlich in Jiddisch geführt. Verträge mit Nichtjuden mußten wohl zumindest in einer Kopie in der Landessprache – Deutsch, Französisch oder Englisch – verfaßt werden, wie jedes andere Dokument, etwa ein Ehevertrag, den die Familie bei den weltlichen Behörden registrieren lassen wollte. In Metz setzten Glikls Familie und andere jüdische Familien zu ihrer Zeit Ehevereinbarungen in hebräischen *ketubbahs* und in notariell beglaubigten Eheverträgen in französischer Sprache auf, während ihre Testamente gewöhnlich ausschließlich in Hebräisch verfaßt wurden. Im achtzehnten Jahrhundert waren die Hunderte von Briefen, die eine (auf Kolonialwaren spezialisierte) jüdische Firma in Prag an ihre Büros in London und Amsterdam oder an jüdische Händler in so weit entfernten Städten wie St. Petersburg schickte, alle in jiddischer Sprache verfaßt, während eine kleinere Korrespondenz mit Nichtjuden in Englisch, Niederländisch, Französisch oder Italienisch geführt wurde.[64]

Der bewußt erfahrene innere Raum, der von Kontobüchern und anderen Dokumenten in hebräischen Schriftzeichen geschaffen wurde, war mithin mehr als ein Familienraum, es war ein weitgespannterer jüdischer Raum. Darin schlossen jüdische Händler untereinander wechselnde Partnerschaften oder führten heftige Auseinandersetzungen vor Rabbinergerichten. Die affektiven und praktischen Vorzüge dieses weitgefaßteren Geheimnisses kann man in jüdischen Selbstzeugnissen wie Glikls *Denkwürdigkeiten* sehen, die bis Ende des achtzehnten Jahrhunderts gewöhnlich unveröffentlicht blieben und sorgfältig vor den Augen von Außenstehenden verborgen wurden.[65] Glikl konnte offen kritisch und am Ende versöhnlich über die geschäftlichen Torheiten ihres Sohns Leib sprechen. Sie konnte offen und mißbilligend die geschäftlichen Streitigkeiten mit anderen Juden schildern. Der junge Judah Berlin behielt – trotz all der Wohltaten, die sie und Chajim ihm erwiesen hatten – 1500 Reichstaler aus dem gemeinsamen Geschäft für sich und weigerte sich, ihnen ihre Waren zurückzugeben, als Chajim höflich den Gesellschaftervertrag aufkündigte. Chajim verlor seinen Prozeß gegen Judah, der in verschiedenen jüdischen Gemeinden zu heftigem Streit und Parteibildungen für den einen oder den anderen geführt hatte. Die beiden Männer machten wohl ihren Frieden miteinander, denn Judah, der spätere Bankier und Edelsteinlieferant für den preußischen Hof, nahm Glikl und ihre Kinder herzlich in Berlin auf. Andere falsche Geschäftspartner und Handelsdiener werden mit größerer Empörung geschildert: »Der rechte Herodes zu meinem ganzen Haus«, urteilte sie über einem betrügerischen Partner, und von einem anderen sagte sie, er sei »ein aufgeblasener, dicker, ausgestopfter, hochmütiger Bösewicht«.[66]

Nicht alles jedoch konnte man schriftlich festhalten, nicht einmal für enge Angehörige. Glikl beklagte sich über die Behandlung ihrer Söhne nach Chajims Tod. Mordechai befand sich in einer bedrängten Lage, weil er Waren von einem Hamburger Kaufmann erworben hatte. Da er Kredit benötigte, hatte er mit seinen Brüdern einem nichtjüdischen Kaufmann an der Hamburger Börse einige Wechsel zum Verkaufen gegeben; dieser erkundigte sich daraufhin bei einem jüdischen Kaufmann nach ihrer Vertrauenswürdigkeit. Als die jungen Männer wiederkamen und Geld zu erhalten hofften, weigerte sich der nichtjüdische Kaufmann, die Wechsel zu honorieren und gab sie ihnen zurück. Glikl rief zwar Gott an, er möge denen, die Mordechai so bedrängten, ihre Taten vergelten, aber sie nannte keinen der Kaufleute mit Namen in den *Denkwürdigkeiten*, die sie ihren Kindern hinterließ. Die Vermutung liegt nahe, daß es sich bei dem jüdischen Kaufmann um den einflußreichen Bär Cohen mit seinen üblichen Tricks handelte. Über ihn sagte sie nur: »Ich kann den Mann, den ich in Gedanken habe, nicht beschuldigen, denn ich weiß seine Gedanken nicht. Die Menschen urteilen nach dem Augenschein, aber Gott sieht ins Herz und urteilt danach.«[67]

Ein Vorteil des jüdischen Geheimnisses lag darin, daß es Juden erlaubte, ihre eigenen sozialen Dramen ziemlich unabhängig von den Kriterien der christlichen Welt um sie herum durchzuspielen und Handelsbeziehungen mit Bedeutungen aufzuladen, die weit über

Reichstaler hinausgingen. Das Hebräische, die heilige Sprache, brachte einen ähnlichen Gewinn für die Streitigkeiten zwischen Rabbinern und bei *Responsa* über Hühnerherzen, über sephardische versus aschkenasische Thorarollen und Golems (Themen, bei denen es um Grenzziehungen ging und zu denen sich Zwi Hirsch äußerte), selbst bei den Gutachten in gedruckter Form, die bisweilen von christlichen Hebraisten gelesen wurden. Die religiösen Kontroversen zerrissen die jüdischen Gemeinden von Safed bis London, sie schufen aber zugleich eine gemeinsame Bühne, die alle in ihren Bann schlug. Jüdische Geschäfte produzierten Gewinne und Verluste, brachten jedoch auch einen Schatz guter Geschichten hervor, die zur Zeit des Geschehens und noch viele Jahre später erzählt wurden.

Wenn wir die »ökonomische Funktionalität« dieser Merkmale in der frühen Neuzeit abschätzen wollen, so würde ich nicht von ihrem Beitrag zur rationalen Geld- und Kapitalrechnung sprechen, sondern von Elementen, welche die geschäftliche zu einer *interessanten* Tätigkeit machten, die Initiative wecken und den Menschen intensiv beschäftigen konnten. Dies war ein Lohn, der dauerhafteren Gewinn bedeutete und weniger gefährlich war als Wucher. Solche Elemente erleichterten den Aufbau ausgedehnter Kreditverflechtungen, und dies, obgleich sie den Menschen erlaubten, Zweifel aneinander zu äußern, oder vielleicht vielmehr, *gerade weil* sie eng verbundenen Partnern ermöglichten, ihre Zweifel an ihrem Gegenüber offen auszusprechen. Sie ermöglichten auch den Informationsfluß und jene rasche Güterbewegung, die der Intendant 1699 in Metz festgestellt hatte.

V

Weber und Sombart waren Pioniere in der Entwicklung einer historischen Theorie, die zu klären suchte, in welcher Weise die »Kultur« den Wandel von ökonomischem Verhalten und Institutionen angeregt oder gestaltet hat. Sie konnten sich dabei auf viele Vorarbeiten stützen, unter anderem das Werk von Karl Marx und Georg Simmels *Philosophie des Geldes*, aber sie waren es, die das Aufgabenfeld für Historiker absteckten. Ihr Interesse galt dem modernen Kapitalismus, dessen »Geist« sie eine einzige Definition gaben. (Sombarts heroischer deutscher Kapitalismus war noch eine Hoffnung für die Zukunft.) Sie nahmen beide an, es gäbe *einen* Weg, auf dem man zu Verhaltensmustern und Institutionen gelangte, die durch »rationale« Berechnung geprägt seien.

Die anfängliche Kritik ihrer Ansichten durch Historiker in den zwanziger Jahren hat weder das Ein-Weg-Modell, die *eine* Definition des eigentlichen modernen Kapitalismus, noch die Beschränkung von »Kultur« auf Religion gänzlich ad acta gelegt. Im Gefolge der früheren Kritik Brentanos zeigte André Sayous, daß auch die katholischen Kaufleute der italienischen Renaissance »richtige« Kapitalisten waren und öffnete so das Tor für zahlreiche spätere Studien der scholastischen Lehren über gerechten Preis, Wechsel und den Markt; doch konnte man immer noch argumentieren, der katholische Mittelmeerraum sei ein gewisse Zeit lang eine kulturelle Wiege des Kapitalismus gewesen, dann aber sei die Initiative an den protestantischen Norden übergegangen. R. H. Tawneys *Religion and the Rise of Capitalism* aus dem Jahr 1926 machte das Zusammenspiel zwischen »ökonomischem und sozialem Wandel« und »Religion« deutlich und führte die Soziallehren und Predigten der Puritaner als eine wesentliche Quelle ein.[68] Mit dem Erscheinen von H. M. Robertsons *Aspects of Economic Individualism* im Jahr 1933 kam zur Religion die Buchhaltung als ein Prozeß hinzu, der eine eigenständige Geschäftsmentalität ausbilden konnte, obgleich angenommen wurde, die doppelte Buchführung sei der einzige Weg zum wahren Kapitalismus.[69]

Im internationalen Klima und in den Konflikten im Gefolge des Zweiten Weltkriegs brachten vergleichende Untersuchungen der »Modernisierung« eine weitere Horizonterweiterung. Alexander Gerschenkrons Modernisierungsmodelle in verschiedenen – englischen, französischen, deutschen, russischen – Kontexten untergruben den Begriff des einen und einzigen Weges, auch wenn der Titel seines Buchs *Economic Backwardness* lautete. S. N. Eisenstadt gab 1968 einen Sammelband über *The Protestant Ethic and Modernization* heraus, in dem festgestellt wurde, daß nichtwestliche Länder wie Japan ihr eigenes Äquivalent für den »Beruf« und die »innerweltliche Askese« besaßen – ohne in den Genuß des Puritanismus gekommen zu sein.[70] Doch das Streben nach rationaler Geld- und Kapitalrechnung galt weiterhin als allererstes Ziel kapitalistischen Wirtschaftens und »Wer industrialisierte sich zuerst?« oder »Welches Land wurde zuerst elektrifiziert?« blieben die Hauptfragen der historischen Reflexion, selbst wenn zwischen der »Modernisierung« des einen Landes und derjenigen eines anderen nur wenige Jahrzehnte liegen mochten.

Dann tauchten andere Ansätze auf. Nichts veranschaulicht besser die Spannung zwischen der Untersuchung des »einen Weges« unter evolutionären Prämissen und einem neuen Weg, Wirtschaft und Kultur zu erkunden, als eine frühe Studie von Clifford Geertz, *Peddlers and*

Princes: Social Change and Economic Modernization in Two Indonesian Towns (1963). Geertz hatte seine Feldforschung in den fünfziger Jahren betrieben, vor und nach seiner Promotion an der Harvard-Universität im Jahr 1956. Er hatte zu einer jungen, enthusiastischen interdisziplinären Forschergruppe gehört, die anthropologische Methoden in das Studium großer Gesellschaften im Industrialisierungsprozeß einführte, statt wie die Ethnologen vor ihnen kleine vorindustrielle Gemeinschaften zu erforschen; und diese Methoden sollten einfließen in die Produktion von Ergebnissen, die für die Steuerung des sozialen und ökonomischen Wandels nützlich sein könnten. (Die Projekte des Teams wurden von der Ford- und der Rockefeller-Stiftung unterstützt.) Die Promotion von Geertz und das daraus hervorgegangene Buch, *The Religion of Java* (1960), begann mit der hoffnungsvollen Danksagung, in der es hieß, »dieses Buch möge in irgendeiner Weise einen Beitrag dazu leisten, daß die Bestrebungen [meiner Gewährsleute], ein starkes, stabiles, wohlhabendes und demokratisches ›Neues Indonesien‹ aufzubauen, Wirklichkeit werden«; es endete mit einem Kapitel über Religion, soziale Konflikte und Integration. Doch zuallererst war es eine facettenreiche Beschreibung der verschiedenen Formen des religiösen Lebens und Glaubens. *Peddlers and Princes* kam dann der Einlösung der sozialwissenschaftlichen und politischen Ziele des ursprünglichen Projektes näher.[71]

Max Webers Perspektiven lieferten einige von Geertz' Fragestellungen für *Peddlers and Princes* (Talcott Parsons, der Geertz' *Department* in Harvard leitete, hatte die 1930 erschienene Ausgabe von *The Protestant Ethic* übersetzt), ebenso die Schriften von Wirtschaftswissenschaftlern über den »Take-off« und die »Entwicklungsdynamik« in den Gesellschaften der unmittelbar nach dem Krieg unabhängig gewordenen Länder. Was solche Theorien leisten, konnte gezeigt werden durch eine genaue Untersuchung von zwei indonesischen Städten, die zwischen Vergangenheit und Zukunft, »Tradition« und »Moderne« in der Schwebe oder vielleicht darin gefangen waren.

Die javanesische Stadt Modjokuto war um den Basar organisiert, eine geschäftige und kommunikative Welt kleiner Händler, deren tägliches Gefeilsche ökonomischer Rationalität freies Spiel ließ, ungehindert von einem »bäuerlichen Traditionalismus«. Geertz dachte, Weber habe das Ethos der Basarwirtschaft unterschätzt, die er bloß als formellen Rahmen einer »völligen Skrupellosigkeit bei dem Verfolgen selbstsüchtiger Interessen« angesehen habe statt als einen Ort, an dem gewiefte Händler nach bekannten Regeln Verhandlungen führten.[72] Aber Modjokuto fehlten dauerhafte Institutionen, welche die Ökonomie über den Basar hinaus erweitern und verwandeln konnten. Einige wenige Unternehmer hatte Firmen in Verbindung mit Läden oder Werkstätten gegründet; die meisten waren reformorientierte Moslems, deren Betonung der religiösen Lehre und Moral sie zu javanesischen Spielarten von Max Webers Protestanten machte. Doch ihr Erfolg war prekär und ständig in Gefahr, durch den informellen Charakter und den Individualismus des Basars untergraben zu werden.

Die balinesische Stadt Tabanan hingegen war durch Landwirtschaft und ländliches Handwerk geprägt. Hier gab es eine Situation, die nur wenig Weberschen (oder Sombartschen) Erwartungen entsprach: Anführer des ökonomischen Wandels waren die hinduisierten Aristokraten, die von der politischen Macht entfernt worden waren, aber viel Prestige genossen in einer Gesellschaft, die überkommene Vorstellungen von Kasten und Ehrerbietung akzeptierte. Das Gemeinschaftsleben war hochentwickelt, jede Aufgabe wurde zu einem kollektiven Unternehmen und brachte das »Quack-quack« (wie der balinesische Ausdruck heißt) vieler Stimmen hervor, in recht deutlichem Gegensatz zum Feilschen von jeweils zwei Händlern auf dem Basar von Modjokuto. Die Industriefirmen, die von den Aristokraten Tabanans gegründet worden waren, waren stark und in einer Position, daß sie den Wandel in der gesamten städtischen Ökonomie befördern konnten. Aber auch hier gab es Mängel: oligarchische Strukturen brachten Rigidität mit sich, und das überkommene Gemeinschaftsdenken warf moralische Fragen auf – beide »greifen so in das freie Spiel wirtschaftlicher Rationalität ein und bilden ernsthafte Hindernisse für weiteres Wachstum«.[73]

Obgleich in Geertz' Analyse immer noch die Rede war von »Mängeln« und präzisen Veränderungen, zu denen es kommen »müsse« (»die Mentalitäten des Hausierers und des Fürsten müssen beide aufgegeben werden, und an ihre Stelle muß die des professionellen Managers treten«),[74] ließen ihn die Breite, der Reichtum und die Differenziertheit seiner Beobachtungen einengende historische Formulierungen über das Sudium des Wirtschaftslebens in Frage stellen:

»Die weberianische Tradition betont zweifellos zu Recht, daß ökonomischer Wandel unvermeidlich Teil und Element eines breiteren Wandels in der Gesellschaft ist, und keine isolierte und unabhängige Abfolge von Ereignissen. Doch ist es weniger sicher, ob man eine von Fall zu Fall grundlegende Gleichartigkeit der Beziehung zwischen ökonomischem Wandel und nicht-ökonomischen Veränderungen annehmen kann. Von einem engen ökonomischen Standpunkt aus nimmt Entwicklung immer und überall die gleiche allgemeine Form an; sie besteht in einer zunehmend rationaleren Verwendung beschränkter Mittel, um bestimmte materielle Ziele zu erreichen. Doch von einem soziologischen Standpunkt aus ist es nicht klar, ob es solch eine grundlegende und offenkundige Formähnlichkeit gibt, daß die Veränderungen in den religiösen Anschauungen, der Klassenstruktur, der Familienorganisation usw. von einer Entwicklungsgesellschaft zur anderen identisch sind.«[75]

Im Fortgang griff er die »mit Dichotomien arbeitende allgemeine Theorien« und »holistische Typenbildungen« an. Nicht alles sei möglich, aber flexible und detaillierte Untersuchungen würden eine größere Bandbreite möglicher Wege und Verlaufsformen des Wandels zeigen.

In den folgenden Jahren ordnete Geertz diese Fragestellungen der ethnographischen Suche nach Bedeutungsgeflechten und geistigen Strukturen in genau bestimmte Kontexte ein. Diese konnten dann weiterhin in Verbindung mit wirtschaftlichem Handeln untersucht werden, obschon die Verbindung nunmehr gemeinsame konzeptuelle Auffassungen waren (»beim Hahnenkampf [handelt es sich] ... um eine Dramatisierung von Statusinteressen«, schrieb er in seinem berühmten Aufsatz von 1972)[76] statt funktionalem Handeln (das ökonomischen Wandel fördere oder behindere). *Peddlers and Princes* hat etwas von beidem, so in seinem Portrait beispielsweise der balinesischen Instrumentenbauer, die in patrilinearen Verwandtschaftsgruppen organisiert sind und mit ihren Hämmern jeweils den Ton des anderen zu übertönen versuchen und miteinander wetteifern, den größeren Gong zu bauen. Die Rivalität zwischen Familienverbänden wird dramatisiert in den Arbeitsgeräuschen und Tönen der Gongs, und traditionelle Strukturen bilden hier die Träger ökonomischer Innovation.

Geertz' Material aus Indonesien, S.D. Goiteins Quellenzeugnisse aus der Genisa der Kairoer Synagoge über mittelalterliche jüdische Händler in der arabischen Welt,[77] die hier präsentierten Belege über die Aschkenasim im siebzehnten Jahrhundert, Yannick Lemarchands Nachweis der Lebensfähigkeit von *zwei* Buchhaltungsformen im frühneuzeitlichen Frankreich[78] sowie neuere Forschungen über Gaben, Austausch und Kredit im frühmodernen Europa und verstreuter Handelskolonien in anderen Weltteilen – sie alle verweisen auf einen Ansatz, der ethnographisch und vergleichend ist und sich nicht auf die von Weber und Sombart gegebenen Definitionen von Kultur und Wirtschaft und die Wege des ökonomischen Wandels beschränkt.

Ein ethnographisch-komparativer Ansatz gibt uns auch die Chance, die Kultur einer Gruppe – hier der europäischen Juden – zu studieren, ohne sogleich in eine ahistorische Verdinglichung zu verfallen. Statt *den* jüdischen Kaufmann aus den Quellen auftauchen zu sehen (wie in den stereotypisierten und häufig antisemitischen christlichen Holzschnitten und Stichen des siebzehnten Jahrhunderts), kann der Historiker den Unterschied auskosten zwischen der Geschichten erzählenden Jüdin aus Hamburg, die auf den Messen ein Vermögen machte, und ihrem Rabbi, der nichtkoscheren Wein in die Alster schütten ließ; zwischen den sephardischen Juden, die Korallen aus dem Mittelmeer bis nach Indien exportierten, und den Aschkenasim, die sich damit begnügen mußten, Diamanten zu importieren; zwischen Chajim ben Joseph, der niemals seine tägliche Thoralektüre versäumte, wie geschäftig er auch Hamburg durchstreift und Gold gekauft und verkauft haben mochte, und Glikl bas Judah Leib, die sich in ihre jiddischen Moralbücher vertiefte, wann immer sie die Zeit dazu fand. Diese Unterschiede zu verstehen, ist das Geschäft des Historikers.

Ruhm und Geheimnis:
Leone Modenas ›Leben Jehudas‹ als frühneuzeitliche Autobiographie

Leone Modena [1571–1648] war 1575 noch ein Kind in Italien, als der Mathematiker und Philosoph Girolamo Cardano letzte Korrekturen an seinem *De propria vita Liber* anbrachte; auch 1585 noch, als Michel de Montaigne die erste Ausgabe seiner *Essais* veröffentlichte, jener »unablässigen« Selbsterkundung. Als 1633 Montaignes Werk in einer ersten vollständigen Übertragung ins Italienische erschienen war, hatte Leone Modena, zu jener Zeit Rabbi von Venedig, bereits viele Seiten seiner *Vita* geschrieben. Und als Cardanos *De propria vita Liber* 1643 zum erstenmal gedruckt wurde, beklagte der mittlerweile siebzig Jahre alte Leone bitterlich in seinem Manuskript die Mühsal des Alters.[1] Leone Modenas *Leben Jehudas*, wie er es betitelte, steht also mitten in der Blütezeit der Renaissance-Autobiographie; es läßt uns besser verstehen, was in der Darstellung des Ich im siebzehnten Jahrhundert möglich war. Wir finden darin Sündenbeichten und daneben die in Autobiographien häufige Betonung, berufen, ja auserwählt zu sein – aber im Leben eines Juden zu genau umrissenen Zielen. Wir finden darin das Streben nach Ruhm, aber im Leben des Rabbi immer mit dem Gegenpart, dem Aufzählen der Fehlschläge; schließlich gibt es den selbst bei seinen freimütigsten Glaubensbrüdern ziemlich ungewöhnlichen Gegensatz zwischen seinem privatem Leben und seiner Existenz als öffentlicher Person.

Von den zahlreichen Richtungen[2], die in die europäische Autobiographie des sechzehnten und siebzehnten Jahrhunderts eingingen, möchten wir hier zwei Traditionsstränge näher betrachten. Die religiöse Erkundung des Ich, die Augustinus in seinen *Bekenntnissen* begründet hatte, regte weiterhin, wie schon im Mittelalter, Autoren und Leser an. Teresa von Avilas *Libro de la vida* ist die berühmteste katholische Bekehrungsgeschichte, aber nur eine von vielen aus der Feder von Klerikern und von Laien. Die protestantische Selbstbiographie aus den ersten Jahrzehnten der Reformation enthielt immer die Schilderung, wie man sich aus den papistischen Fesseln befreit und die Wahrheit des Evangeliums entdeckt hatte. Später legten englische Presbyterianer in ihren Lebensgeschichten ihre eigene Sündhaftigkeit offen oder durchforschten die Wechselfälle ihres Lebens nach Zeichen dafür, daß sie auserwählt waren.[3]

Die Sorge um die eigene Familie war ein weiterer starker Impuls für christliche Autoren: ein Antrieb, die Geschichte ihrer Familie aufzuzeichnen, ihre Erfolge und Niederlagen, ihre goldenen Lebensregeln, und diese dann zusammen mit dem materiellen Besitz der Familie an die nächste Generation weiterzugeben. Im Mittelalter mochten fürstliche Geschlechter einen gelehrten Mönch damit beauftragen, ihre Familiengeschichte zu verfassen, doch am Ende des vierzehnten Jahrhunderts griffen florentinische Kaufleute selbst zur Feder und hielten in ihren Rechnungsbüchern Geschehnisse aus der Familie und andere Neuigkeiten fest. Im sechzehnten Jahrhundert wurden *ricordanze* oder *livres de raison* in vielen französischen Haushalten geführt, von Landadligen, städtischen Advokaten und Kaufleuten, ja sogar von wohlhabenden Handwerkern. Sie waren oft recht knapp gehalten, beschränkten sich auf das Notieren von Geburten, Heiraten, Krankheiten und Todesfällen und wurden mit Rechnungsbüchern, Stundenbüchern oder Bibeln zusammengebunden; manchmal jedoch wurden sie zu ausführlichen Memoiren und Geschichten des eigenen Lebens, die in Abständen über eine längere Zeit hinweg oder aber am Ende des Lebens in einem Zug verfaßt wurden.[4] Der florentinische Historiker und Politiker Francesco Guicciardini zum Beispiel schrieb die Memoiren seiner Vorfahren »zum Ruhme seines Hauses« nieder. Sie sollten seinen Nachkommen als Exempla von Tugenden und Lastern dienen; aber zugleich waren sie voller *ricordanze* über sich selbst. Der französische Protestant, Hauptmann, Dichter und Historiker Théodore Agrippa d'Aubigné (1551–1630) verfaßte *Sa vie à ses enfants* nach eigener Aussage auf Bitten seiner Kinder; er wollte »in väterlicher Vertrautheit« die ehrenhaften Taten und die Fehler, die er begangen hatte, offenlegen, denn sie seien von größerem Nutzen als die Leben der Kaiser oder großen Männer. Wie Guicciardini verpflichtete er seine Kinder, niemanden außerhalb der Familie das Manuskript lesen zu lassen.[5]

Eine bis auf Jacob Burckhardts *Kultur der Renaissance* zurückgehende Deutungsrichtung betrachtete diese Bindung an die Familie als Hemmnis für die Erkundung des eigenen Ich. »Im Mittelalter«, schrieb Burckhardt, »lagen die beiden Seiten des Bewußtseins – nach der Welt hin und nach dem Innern des Menschen selbst – wie unter einem gemeinsamen Schleier träumend oder halbwach ... der Mensch aber erkannte sich nur als Rasse, Volk, Partei, Korporation, Familie oder sonst in irgendeiner Form des Allgemeinen.« Die vorgenannten Beispiele lassen aber eher darauf schließen, daß bestimmte Formen der Verwurzelung insbesondere in der Familie für die Selbsterkenntnis hilfreich sein konnten. Man stellte sich nicht nur die Kinder und engeren Verwandten als die Leser vor, für die man sein Leben aufzeichnete; der Vergleich mit bestimmten Verwandten – lebensuntüchtigen Brüdern oder ungehorsamen Söhnen – bildete ebenfalls einen wesentlichen Teil der Selbstvergewisserung.[6]

Selbst in jenen Renaissancetexten, in denen es den männlichen Autoren sehr stark darum ging, ihre Einzigartigkeit herauszustellen, war es für die Lebensgeschichte wichtig, das Ich in den Familienverband einzubetten. Girolamo Cardano war nicht sicher, ob die Leser seiner *De propria vita* Verwandte, Studenten oder Fremde sein würden. Die literarischen Vorbilder, aus denen er schöpfte, waren antike Autoren wie etwa Marc Aurel; ganze Kapitel widmete er seiner äußeren Erscheinung, seinem Geschmack, seinen Vorlieben, seinen Gewohnheiten und Gefühlen. Dennoch zeichnete er sein eigenes Portrait im Kontrast zu seinem Vater: Die Juristenlaufbahn des Vaters lehnte er ab und studierte statt dessen lieber Medizin; doch übertraf er seinen Vater an mathematischem Talent. Größeren Stellenwert als die Sorge um Ruhm und Ansehen beansprucht in seiner *Vita* sein »gran scoramento«, seine große Bedrücktheit über seine Söhne: der eine zum Tode verurteilt, weil er seine Ehefrau vergiftet hatte, der andere ein Taugenichts.[7] Und Montaigne, der für sich beanspruchte, sich erstmals anderen »nicht als Grammatiker, Dichter oder Jurist«, sondern in seinem »allgemeinen Menschsein« mitzuteilen, verglich sich dennoch mit seinem Vater in Körpergröße, äußerer Erscheinung, Gewandtheit, Temperament, den Fähigkeiten als Verwalter und Bauherr. Er meinte, seine Persönlichkeit als Erwachsener sei zum Teil die Erfüllung der Pläne, die sein Vater für seine Erziehung gemacht hatte.[8]

Das Verhältnis zwischen Verwurzelung des einzelnen in der Familie und Erkundung des Ich bietet uns eine interessante Perspektive für die Betrachtung jüdischer Autobiographien im frühneuzeitlichen Europa. Die Identifizierung als Jude war greifbar und allgegenwärtig: Die Tore des Ghettos trennten ab, und die Gesetze des Kaschrut bezeichneten die erlaubten und unerlaubten Nahrungsmittel. Doch dadurch wurden die besonderen Erinnerungen von Familien nicht ausgelöscht, die einzelne Juden aus dem oft unvorhersehbaren Leben ihrer Gemeinden hervortreten lassen. Genealogien wurden rekonstruiert, im Gedächtnis behalten und trotz Vertreibung und erzwungener Migration an die Nachkommenden weitergegeben. Ende des elften Jahrhunderts verfolgte ein in Kalabrien lebender Jude anhand von »Familienpapieren und Überlieferungen« seine Vorfahren bis zur Zerstörung des Tempels durch Titus zurück und hinterließ eine Familiengeschichte der letzten zweihundert Jahre, als seine Vorfahren in Italien und Ägypten lebten. Isaak Abravanel, der nach seiner Vertreibung aus Portugal und Kastilien in Neapel seine Familiengeschichte niederschrieb, pochte hartnäckig darauf, seine Vorfahren seien allesamt »hochrangige Herren« gewesen und stammten von König David ab.[9] Die Familie Leone Modenas besaß Aufzeichnungen über ihren Stammbaum, der fünfhundert Jahre zurückreichte, als die Vorfahren seines Vaters in Frankreich lebten. Obgleich diese in den Besitz seines Vetters gelangt waren, rekonstruierte Modena einen Teil der Genealogie in seinem *Leben Jehudas*. Er schilderte die Irrwege seiner Vorfahren durch Italien und gab die »Überlieferungen« wieder, die er wiederum von seinem Vater erfahren hatte: daß »seine Familie immer die Achtung vor der Thora mit der gesellschaftlichen Stellung, Reichtum mit Ehre und Wohlstand mit Mildtätigkeit verbunden« habe. Zur gleichen Zeit schrieb im Elsaß Leone Modenas jüngerer Zeitgenosse, der Lehrer, Kaufmann und Schreiber Ascher Levy, der den Stammbaum seines Vaters bis zu seinem Urgroßvater, einem Exulanten aus Spanien, zurückverfolgen konnte.[10]

Diese Genealogien und Familiengeschichten bilden den Rahmen für jüdische Lebensgeschichten und könnten eine gängigere und weitverbreitetere Form der Selbstdarstellung im frühmodernen Europa gewesen sein, als man bisher angenommen hat.[11] Die bekannten Beispiele geben in der Tat keinen Hinweis darauf, daß die Autoren es für ungewöhnlich ansahen, daß Juden eine derartige Geschichte verfassen; die Verfasser griffen auch nicht auf das biblische Buch Nehemia oder (noch unwahrscheinlicher) auf Josephus Flavius als legitimierende Vorbilder zurück[12]: Leone Modena nicht, der in anderen Schriften gern verbreitete, er habe die entsprechende literarische Gattung begründet (»Niemand hat bis heute ein Buch über dieses Thema geschrieben«, sagte er von seinem Buch über die Gedächtniskunst); und auch die deutsche Jüdin Glikl bas Judah Leib (»Glückel von Hameln«) nicht, von der man als einer Frau, die Ende des siebzehnten Jahrhunderts ihr erstes und einziges Buch schrieb, vielleicht erwarten konnte, daß sie über die Neuartigkeit der Gattung, in der sie schrieb, nachdachte.[13] So wie christliche Eltern ihre Lebensgeschichte einer Familienhistorie hinzufügten und sie benutzten, um die Zukunft der Familie in eine bestimmte Richtung zu lenken, so mögen jüdische Eltern zunehmend dasselbe getan haben in Manuskripten, die noch unentdeckt oder aber auf immer verloren sind. Hintergrund und Gestalt jüdischer Autobiographien unterschieden sich jedoch von den christlichen Selbstzeugnissen. Sie waren gemeinhin nicht mit der Heiligen Schrift oder Gebetbüchern zusammengebunden oder ihnen angefügt; tatsächlich verbot das jüdische Gesetz eine derartige Entweihung. (Der später hinzugefügte pergamentene Einband in Form des Neuen Testaments, in dem die *Memoiren* des Ascher Levy überliefert sind, diente wahrscheinlich der Tarnung.)[14] Sie scheinen auch nicht eine einfache Erweiterung von Rechnungsbüchern zu sein wie die *ricordanze* oder *livres de raison*. Die von dem Sieneser Juden Giuseppe 1625 bis 1633 im Rechnungsbuch seiner Familie verzeichneten Geschehnisse betrafen persönliche Zwistigkeiten und Streit um Zahlungsversprechen, Ankäufe und Zahlungen und eben nicht Episoden aus einer ganzen Lebensgeschichte.[15] Vielleicht schien das Rechnungsbuch zu prekär dafür, als daß man darin sein Leben als Jude aufzeichnete: Das Leihhaus konnte jederzeit geschlossen, der Mietvertrag für das Haus gekündigt werden. Die Memoiren mußten mit einem sicheren Besitz verbunden werden.

Diese Rolle spielte das jüdische moralische Testament, das wie der Familienstammbaum zum Schreiben über sich selbst ermutigte. (Tatsächlich sollten noch im neunzehnten Jahrhundert jüdische Autobiographien aus dem Umkreis der jüdischen Aufklärung mit einigen Konventionen des moralischen Testaments arbeiten.)[16] Seit dem zwölften Jahrhundert enthielten jüdische Testamente bisweilen neben den Verfügungen über das Erbe und den Anweisungen für die Bestattung einige Seiten mit moralischen Geboten und Verhaltensmaßregeln für die Kinder. Solche Testamente wurden noch im siebzehnten Jahrhundert abgefaßt, nicht allein von gelehrten Männern, sondern auch von weiblichen Kaufleuten wie Pessele Ries von Berlin, deren Testament Glikl bas Judah Leib so pries.[17] Tatsächlich konnte angesichts der so häufigen Schicksalsschläge (Bankrott, Enteignung, Vertreibung), mit denen jüdische Händler, Geldleiher und Bankiers rechnen mußten, und des äußerst seltenen Erwerbs von Grundbesitz das moralische Vermächtnis breiteren Raum einnehmen als die ökonomische Hinterlassenschaft: »An weltlichem Besitz habe ich dir nichts zu hinterlassen«, sagte Leone Modenas ruinierter Vater auf dem Sterbebett zu ihm, »außer daß du immer daran denken sollst, den Herrn, deinen Gott, zu fürchten und seine Geschöpfe zu ehren.«[18]

Diese moralischen Gebote und praktischen Verhaltensmaßregeln waren zum Teil bereits Selbstportraits, wie Judah Goldin scharfsinnig bemerkt hat. Hier mußte man als »Ich« sprechen[19]; man mußte gegenüber anderen über sich selbst reflektieren. Außerdem wurde von jedem Juden auf dem Sterbebett eine umfassende Beichte erwartet.[20] Der nächste Schritt war dann, »alles« niederzuschreiben. »Darum habe ich mich entschlossen«, schreibt Ascher Levy, »einzuschreiben mit ehernem Griffel, zur Aufbewahrung des Guten und Bösen, alles, was mir widerfahren ist.«[21] Und Leone Modena begann sein *Leben Jehudas* so:

> »Im Innersten meiner Seele wuchs der Wunsch, alles aufzuschreiben, was ich vom Anfang bis ans Ende meines Lebens erlebt habe, damit ich nicht sterben, sondern leben werde. Ich denke, dies kann von Nutzen sein für meine Söhne, die Früchte meiner Lenden, für ihre Nachkommen und auch für meine Schüler, die ich Söhne nenne, so wie es mir eine große Freude bereitet, vom Leben meiner Ahnen, Vorfahren, Eltern und Lehrer und von jedem anderen bedeutenden und geliebten Menschen etwas erfahren zu können.«

Sein erstes und zweites Testament fügte Modena am Ende des Manuskripts an: Sein *Leben Jehudas* enthielt mithin bereits die moralischen Gebote.[22]

Wie die Christen konnten Juden in verschiedenen Phasen ihres Lebenszyklus damit beginnen, ihre Autobiographie zu schreiben. Ascher Levy begann seine *Memoiren* augenscheinlich als junger Mann, ließ jedoch bereits Raum für die Taten seiner späteren Kinder. Glikl verfaßte den ersten Teil ihrer Memoiren, um damit nach dem Tode ihres Ehemannes in den langen Nächten »die melancholischen Gedanken« zu vertreiben; den zweiten Teil schrieb sie Jahre später nieder, nachdem sie wieder geheiratet und auch ihren zweiten Ehemann verloren hatte. Leone Modena begann sein *Leben Jehudas* nach eigener Aussage nach der Geburt seines ersten Sohns Mordechai; er führte sie erst mit 47 Jahren weiter, von tiefem Schmerz erfüllt über den Tod Mordechais, und den Rest fügte er in den nächsten dreißig Jahren in unregelmäßigen Abständen hinzu.[23] In allen drei Fällen erfüllten die Nachkommen zumindest eine Absicht der Tagebuchschreiber: Sie bewahrten ihr Manuskript auf und sprachen wahrscheinlich untereinander über die Lehren, welche diese Lebensgeschichten enthielten und weitergaben.[24]

Worin diese Lehren bestanden, hing zum Teil davon ab, was die Verfasser zu enthüllen beschlossen hatten – was sie aus »allem, was mir widerfahren ist«, ausgewählt hatten – und wie sie ihre Erfahrungen deuteten. Im Fall Modenas ist sein *Leben Jehudas* eine Mischung von Lebensbeichte, Klage über die erlittenen Schicksalsschläge und Lobpreis seiner Leistungen als Prediger und Autor.

Was die Bekenntnisse angeht, so erwähnte Leone Modena zwar häufig seine »Sünden« (im Plural), gab jedoch nur das Glücksspiel zu. Glücksspiel wurde, sofern als zwanghaftes Laster betrieben, vom jüdischen Gesetz scharf verurteilt und war nur zu Chanukka, Purim und bestimmten anderen Festtagen erlaubt.[25] Leone Modena begann bei einem Chanukkafest zu spielen, im Alter von 23 Jahren, und er tat dies in Abständen immer wieder in seinem langen Leben; fast immer verlor er (nach eigener Aussage), verspielte die Mitgift seiner Töchter und die Rücklagen der Familie und verschuldete sich hoch. Zuerst erklärte er dies mit der hinterhältigen Versuchung des Teufels und dem Einfluß der Sterne, aber später in seinem *Leben Jehudas* wurde das Spiel zu einem Teil seiner selbst, zu »Jehudas Sünde«.

Er versuchte, seine Neigung dazu zu verstehen (und verständlich zu machen), indem er die Glücksspielszenen an bestimmten Stellen seiner Darstellung einbaute: Immer nach Schicksalsschlägen fing er wieder zu spielen an, so um 1620, nach dem Tod seines Sohns Mordechai: »In einem Zustand großer Angst kehrte ich zum Feind zurück [...] und fing wieder mit dem Glücksspiel an.« Hier arbeitet Leone mit dem Argument seines Jugendwerks *Der bekehrte Spieler,* einem Dialog über das Glücksspiel zwischen Eldad und Medad. Leone wendet die Maßstäbe des fleißig studierenden Eldad auf sich selbst an und verurteilt sich als Sünder, aber das Argument des Spielers Medad bestimmt, an welcher Stelle das Glücksspiel in die Autobiographie eingebaut wird:

> »Denn der Spieler [sagt Medad] hat durch tägliche Erfahrung am Spieltisch gelernt, daß er verliert, wenn er zu gewinnen meint, daß es beim Spiel nur ein ewiges Auf und Ab gibt; und so begreift er, daß es für uns Sterbliche nichts gibt, was auf immer und ewig als unser eigen gelten könnte. Folglich wird er, wenn er einen solchen Schicksalsschlag erleidet, ›Gott für das Böse wie für das Gute preisen‹. Selbst wenn er dadurch all sein Gut verlöre, wird er doch zu sich selbst nur ganz einfach sagen: ›Was kann ich schon tun? Ich denk’ mir einfach, ich hätte es beim Spiel verloren.‹«

Dies sind nicht die Launen der *Fortuna* Machiavellis, mit denen die Menschen umgehen und die sie meistern können. Das Spiel ist eine ständige Drohung in Leone Modenas Autobiographie, eine Sünde, die das Unvorhersehbare im *Leben Jehudas* unterstreicht.[26]

In ganz ähnlicher Weise hat das Spiel auch hinsichtlich des Anspruchs auf Aufrichtigkeit in Leones Selbstbiographie eine doppelte Funktion. Nach dem jüdischen Gesetz hat der Spieler (Eldad erinnert Medad daran) das Recht verwirkt, als Richter oder Zeuge zu fungieren. Medad erwidert, der Charakter eines Menschen ließe sich an nichts besser überprüfen als daran, wie sich der Spieler beim Glücksspiel selbst enthülle – besser als an seinem Geldausgeben, ja besser als an seinen Schriften. Das *Leben Jehudas* berichtet vom Glücksspiel und vom Schreiben; kann man dann nicht damit rechnen, daß es uns seinen Verfasser enthüllt?[27]

Leone Modenas Schicksalsschläge kündigen sich jedenfalls schon auf der ersten Seite an:»Kurz und schlimm sind die Tage meiner Lebensjahre gewesen.«[28] Selbst die Umstände seiner Geburt waren bereits ein böses Omen, denn er kam kurz nach einem Erdbeben als Steißgeburt auf die Welt. Seine Mißgeschicke teilte er in drei Gruppen ein. Da war der unsagbare Schmerz über den Verlust seiner drei Söhne, wofür er nicht Gott, sondern sich selbst die Schuld gab:»Daß von meinen Söhnen einer starb, einer ermordet wurde und einer im Exil leben muß, ist die Strafe für meine Sünden und Verfehlungen.« Er identifizierte sich mit Hiob und verfluchte jeden seiner Tage. Er lebte in großer Angst, von den christlichen Behörden verfolgt zu werden, so etwa 1637, als er glaubte – wie sich herausstellte, ziemlich grundlos –, die Veröffentlichung seiner *Historia de' riti hebraici* in Paris würde ihm und anderen Juden die Inquisition auf den Hals hetzen. Bitter und enttäuscht erlebte er die Gebrechen des Alters und insbesondere die Streitsucht seiner Frau, die mit ihm zu schimpfen begann,»ganz ohne Grund, da ich doch nichts Schlimmes getan hatte«. Es fragt sich, ob seine Töchter damit wohl einverstanden wären, falls und wenn sie das Manuskript nach seinem Tod gelesen haben.[29]

Das Gegengewicht zu dieser Geschichte eines verfluchten Lebens bildet die Geschichte der intellektuellen Leistungen Leones. Auch hier glänzte er schon in jungen Jahren, denn bereits mit zweieinhalb Jahren – ein jüdisches Wunderkind – deklamierte er nach eigener Aussage die Heiligen Schriften in der Synagoge. Leone wuchs heran und wurde ein so berühmter Prediger – in italienischer Sprache –, daß»die ganze Gemeinde sein Loblied Gottes pries und Dank sagte« und katholische Mönche und ausländische hohe Herren sich in der Großen Synagoge drängten, um ihn zu hören. Als Erwachsener veröffentlichte er Bücher – in Hebräisch und Italienisch – über so viele Gegenstände, daß er sicher zu sein glaubte, er habe sich wohl»einen unvergänglichen Ruf« erworben. Gleich nach der schrecklichen Schilderung der Ermordung seines Sohns Zebulun vor seinen Augen durch jüdische Feinde zählte er all seine Schriften auf. Zumindest seine Bücher seien »ein großer Trostquell«, durch sie werde»sein Name unter den Juden und in der ganzen Welt niemals ausgelöscht werden«.[30]

Was das Verhältnis von Leone Modenas Nachzeichnung seines Lebens zur christlichen Autobiographie seiner Zeit und zur jüdischen

Vorstellung vom Ich betrifft, so entspricht sie insgesamt gesehen einer der grundlegenden autobiographischen Strategien, die der Literaturwissenschaftler William L. Howarth ausmachte: der Autobiographie als Oratorium (im Gegensatz zur Autobiographie als Drama oder als Dichtung).[31] Der Autor oder die Autorin vermittelte einerseits dem Leser ein glaubwürdiges Zeugnis seines oder ihres Lebens und durchlebte zugleich selbst noch einmal die Prüfungen und Lehren, die es bereithielt. Als ausgezeichneter und erfahrener Rhetoriker[32] gliederte Leone seine Darstellung entsprechend diesem didaktischen Modell.

Howarths Kategorie der Autobiographie als Oratorium umfaßte alle nach dem Vorbild von Augustinus' *Bekenntnissen* verfaßten Selbstzeugnisse, aber eben nicht nur diese, und das ist für unsere Reflexion über Leone Modenas *Leben* hilfreich. Der Schilderung seiner ununterdrückbaren Neigung zum Glücksspiel fehlt ein Element, das gewöhnlich in der christlichen Bekenntnis-Autobiographie des Mittelalters und der frühen Neuzeit vorhanden ist: die endgültige Bekehrung. Auch wenn die Christen bis ans Ende ihrer Tage zur Sünde fähig blieben, trieb sie ihr Leben doch zu einer Bekehrung: Teresa von Avila bändigte am Ende ihr Fleisch und ihre überschäumende Vorstellungskraft; ein Puritaner begriff am Ende, wie notwendig wahre Reue ist. Leone Modenas *Leben* hingegen wird nicht als Entwicklungsgeschichte erzählt; er weiß von Beginn an, daß Glücksspiel Sünde ist. Die Jahre sind gesäumt von gebrochenen Gelübden, und obschon er Hiobs Klagen auf sich selbst bezieht, erfährt er doch nicht Hiobs vollkommene Reue, die Zerknirschung des Herzens *(contritio)*. Er ändert seine Ansichten im Lauf seines Lebens nur wenig, so etwa, wenn er seinen Glauben an die Astrologie etwas einschränkt oder eine abfällige Bemerkung über sein jugendliches Interesse an der Alchimie macht;[33] doch überwiegend schildert er sein Leben als eine Abfolge von immergleichen Motiven.

Ist diese Art und Weise, sein geistiges Leben zu beschreiben, charakteristisch für andere jüdische Autobiographien des sechzehnten und siebzehnten Jahrhunderts? Sicherlich nicht für Uriel da Costa, denn die Achse seines *Exemplar humanae vitae* (1640) war seine Bekehrung zum Glauben seiner jüdischen Vorväter und die spätere Enttäuschung über den rabbinischen Judaismus.[34] Das gleiche gilt für Glikl bas Judah Leib während der wenigen Jahre, in denen sie glaubte, Sabbatai Zwi sei der Messias, denn sie sah diese Zeit der Freude und Buße als einen besonderen Augenblick in ihrem Leben an, auch wenn der falsche Heilsbringer scheiterte. Doch den Rest ihres Lebens schilderte sie uns geprägt vom allgegenwärtigen Bewußtsein ihrer Sünden, dem ständigen Erleben von Gottes Macht und der unablässigen Furcht vor dem Unvorhersehbaren. Die von ihr hervorgehobenen Ereignisse betreffen den Entschluß, wieder zu heiraten, und die Auflösung des Zwiespalts, ob sie im Alter mit ihren Kindern zusammenleben sollte oder nicht.[35] Das jüdische spirituelle Leben scheint mehr als ständige Prüfung denn als Pilgerschaft gedeutet worden zu sein.

Leone Modenas Streben nach Ruhm ähnelt stark dem anderer Gelehrter und Künstler seiner Zeit. Sicherlich wäre Leone in seinem *Leben* nie so weit gegangen, wie Montaigne es in seinem »De l'affection des pères aux enfants« [Von der Liebe der Väter zu ihren Kindern] getan hat. Statt dessen hätte er gefragt, ob Augustinus lieber seine Schriften – »von denen unsere Religion so reiche Früchte empfängt« – oder aber seine Kinder (»wenn er deren hätte«) begraben hätte (Montaigne vermutet, Augustinus hätte sich dafür entschieden, seine Kinder zu begraben). Aber nur sehr wenige christliche Familienväter hätten sich eine solche Alternative vorstellen können.[36]

Leone Modenas *Leben Jehudas* unterscheidet sich von einer christlichen Autobiographie in der charakteristischen Verschränkung zwischen Leistungen, Sünden und Schicksalsschlägen. Montaignes Selbsterkundung ist von solchen Kategorien frei: Der Zusammenhang zwischen dem Gefühl eines ungeheuren Verlusts, das ihn anläßlich des Todes seines Freundes La Boëtie überkommt, und dem Verfassen der *Essais* ist zu komplex, als daß man ihn einfach abwägen könnte. Sein Essay »De la Vanité« [Von der Eitelkeit] (III, 9) führt uns durch eine reicher belebte geistige Landschaft als Leone Modenas *Leben Jehudas*, er hält inne für Momente einer Autonomie, die es für den Rabbi nicht gibt. Benvenuto Cellinis *Vita* dagegen ist sehr viel einfacher aufgebaut als die Lebensgeschichte Leones, zeichnet jedoch einen dramatischen Bogen von der künstlerischen Schöpfung zum Tod, dem er mit knapper Not entrinnen kann, bis hin zur Rache ohne moralische Bedenken.[37]

Nur Cardanos *De propria vita* eignet sich für den Vergleich mit Leone Modenas *Leben Jehudas*, denn beide Werke haben einige gemeinsame Motive: den Stolz auf die vielen Bücher über unterschiedlichste Gegenstände, die Verzweiflung über die Söhne und das Eingestehen der »Laster«, unter ihnen das Glücksspiel. Tatsächlich ist vorstellbar, daß Leone Modena Cardanos *De propria vita* bei Erscheinen im Jahre 1643 gelesen hat (er stand in Verbindung mit dem Herausgeber Gabriel Naudé), und daß das Buch Pate stand für den Aufbau des letzten Teils seiner eigenen Lebensgeschichte, in dem er wie Cardano eine topische Aufstellung des ihm zugefügten »Herzeleids« gab und Zitate aneinanderreihte, die andere Autoren aus seinen eigenen Werken entnommen hatten.[38] Trotzdem ist die komplexe sittliche Ökonomie der beiden »Vitae« eine völlig andere. Cardanos Buch besteht aus vielen kleinen Parallelisierungen: seine Tugenden und Laster, seine Freunde und Feinde, seine Ehrungen und Entehrungen usw. Sein Sündenbewußtsein ist nur schwach entwickelt – er prahlt sogar ein wenig damit, wie »gewieft« und »gewandt« er beim Spiel sei, und in seinem Kapitel über »Religion und Frömmigkeit« preist er mehr die Gaben, die er von Gott erhalten habe, als Gottes furchteinflößende Majestät zu rühmen.[39] Siege und Niederlagen werden in Leone Modenas *Leben Jehudas* sehr viel schärfer und ungeschminkter hervorgehoben, die Hauptachse der Darstellung bildet das Verhältnis zwischen Büchern, Leid und Sünde.

Kurz gesagt, Cardanos Rühmen und Klagen beschrieb und umgrenzte eine weltliche Sphäre inmitten des weiten Universums christlicher Sinngebung, während Leone Modenas *Leben Jehudas* noch eng verknüpft war mit Gottes schwierigem Verhältnis zu seinem auserwählten Volk. In seiner eindrucksvollen Studie *Zachor: Erinnere Dich! Jüdische Geschichte und jüdisches Gedächtnis* hat Yosef H. Yerushalmi das Fortbestehen liturgischer und ritueller Formen des Erinnerns in der Mehrzahl der historiographischen Zeugnisse nach der Vertreibung aus Spanien betont.[40] Jede historische Erfahrung wurde letztlich als Teil der Leiden des Exils gedeutet, entweder als Strafe für die Sünden des jüdischen Volkes oder aber als Probe auf ihren Glauben, so wie Abraham durch das Gebot, Isaak zu opfern, auf die Probe gestellt worden war. Ich glaube, man kann in den jüdischen autobiographischen Schriften des sechzehnten und siebzehnten Jahrhunderts, und ganz besonders im *Leben Jehudas*, einen ähnlichen Mechanismus am Werk sehen, durch den die besonderen Charakterzüge des Individuums und der Familie in Begriffen des kollektiven Leidens als Strafe oder Prüfung geordnet und den Gefühlen durch die biblische Sprache tieferer Ausdruck verliehen werden. In Leone Modenas ursprünglichem Plan für seine Beerdigung, die er in einem Traum voraussah, sollten seine Bücher auf seinem Sarg aufgeschichtet und mitgeführt werden, während die Sänger Psalm 25 singen sollten: »Seine Seele darf leben in Glück, / und seine Kinder werden besitzen das Land.« [Psalm 25,13] In diesem Bild – wie in der Darstellung seiner Geburt und in dem Bild vom Wunderkind, das die Heiligen Schriften rezitiert – treffen die Gemeinschaft und der einzelne zusammen: Leone Modena hatte zwar das Familienerbe verspielt, aber die Thora durch seine Predigten und Schriften gedeutet und ihre Lehren verbreitet, und es bestand die Hoffnung, daß sein Same durch seinen Enkel Isaak weiterleben würde.[41] Leone Modenas Plan für die Bestattung enthielt mithin eine Warnung: Es mußte dafür Sorge getragen werden, daß niemand sich seiner Manuskripte bemächtigte.[42] Seine Sorge läßt ein weiteres Kennzeichen seiner Autobiographie hervortreten (die natürlich zu jenen Texten gehörte, die es vor den Nichtjuden und den meisten Juden zu verbergen galt): den tiefen Gegensatz, den sie zwischen geheimem und öffentlichem Leben zog, zwischen verschiedenen Repräsentationen ein und desselben Menschen. Christliche Autobiographien unterschieden sich stark voneinander in der Art, wie sie zwischen dem privaten und öffentlichen Leben vermittelten, und diese Unterschiede bezogen sich sowohl auf ihre Bestimmung des Geheimen wie auch darauf, für wessen Ohren ihre Geheimnisse bestimmt waren. Teresa von Avila vereinte die Darstellung ihrer persönlichen Glaubenspein und ihre bekannten Vorschläge für eine Klosterreform in einem einzigen Buch, das einige Jahre nach ihrem Tode veröffentlicht wurde. Das heilige Leben sollte jedem Leser unverhüllt vor Augen stehen. Im Gegensatz zu ihr zeichnete 1639 Richard Norwood, ein presbyterianischer Siedler auf den Bermudas, ein halbes Jahrhundert seines Lebens mit so intimem Blick und Augenmerk auf sexuelle Schuld, nächtliche Alpträume und Heimsuchungen durch den Teufel auf, daß ein moderner Kommentator auf den Unterschied hinweist zwischen dem hysterischen Norwood des *Journal* und dem »allem äußeren Anschein nach« gefestigten Norwood, der »im täglichen Leben ein erfolgreicher Siedler und recht unscheinbar und gemäßigt in den äußeren Zeichen seiner Glaubenspraxis« war.[43] Montaignes *Essais* machen das verwickelte Verhältnis zwischen dem Öffentlichen und dem Privaten zu einem zentralen Thema, während Cardanos *De propria vita* mit der Absicht geschrieben worden zu sein scheint, die Unterscheidung zwischen dem Geheimen und dem offen zutage Liegenden auszulöschen. Im Unterschied zu jenen, die über ihr Leben schrieben, wie es in ihren Augen hätte sein sollen und nicht, wie es wirklich gewesen ist, war Cardanos Manuskript eine »aufrichtige Schilderung« *(sincera narratio)*. Er porträtierte sich in all seinen Lebenslagen und -umständen: als Physicus, der dem Erzbischof von St. Andrews in Schottland ärztlichen Beistand leistete, als Mann, der angeklagt wurde, sich »an Knaben zu vergehen«, als jemand, der aus dem Stegreif dozierte. Er wollte ein Bild wie aus einem Guß von einem vielseitigen und facettenreichen Mann zeichnen.[44]

Leone Modena zählt in seinem *Leben Jehudas* die vielen Tätigkeiten auf, mit denen er versuchte, seiner Familie ein Auskommen zu verschaffen (»ohne Erfolg versucht«, fügte er dann hinzu), aber er zeigt sich nicht in allen seinen öffentlichen Funktionen. Wie Howard Adelman und Benjamin Ravid in den historischen Anmerkungen zur englischen Übersetzung des *Lebens* nachweisen, war Leone Modena in den Monaten, die er als »untätig« bezeichnete, in Wirklichkeit sehr geschäftig. Er lehrte die Gesetze in der Synagoge, unterrichtete Schüler und predigte.[45] Dies ist natürlich Teil der literarischen Strategie von Leones Autobiographie. Leone gab seinem Manuskript den Titel *Das Leben Jehudas*; Jehuda war sein hebräischer Name, den er bei der Beschneidung erhalten hatte. Die geheime Seelenpein des glücksspielenden Rabbi mag über die Söhne den Schülern und »anderen, die mich kennen«, zu Ohren gekommen sein – seine Gläubiger, Schutzherren und Spielpartner wußten genau um sie –, nicht jedoch der jüdischen Öffentlichkeit insgesamt, geschweige denn Nichtjuden. Insbesondere nicht für Christen gedacht waren andere jüdische Geheimnisse, die Leone Modena preisgibt: über das Ghetto; was es bedeutet, Teil einer Gemeinschaft zu sein, in der allen für das Verbrechen eines einzigen die Schuld gegeben wird; wie man sich fühlt, wenn man von einem »von allen geliebten« Menschen zu jemandem wird, dem »Abneigung und Verachtung« gelten.[46]

Nichts zeigt diesen inneren Charakter von Leone Modenas *Leben Jehudas* wie der Gegensatz zu seiner *Historia de' riti hebraici: Vita e osservanze degl'Hebrei di questi tempi* [Geschichte der jüdischen Riten: Leben und Gebräuche der Juden unserer Zeit], 1614–1615 in italienischer Sprache für König Jakob I. von England verfaßt und 1637 in Paris, 1638 in Venedig veröffentlicht.[47] Mit einem rhetorischen Kunstgriff behauptet er, er schreibe so, als würde er »vergessen, daß ich Jude bin, und mir vorstellen, ich sei einfach ein neutraler Berichterstatter«.[48] Tatsächlich vergißt er in diesem Text keinen Augenblick lang sein Ziel, und das war (wie Mark Cohen gezeigt hat),[49] die Juden in einer für Nichtjuden annehmbaren Weise darzustellen, als nicht abergläubisch, mildtätig, maßvoll und bescheiden. Kein Wort hier vom Spiel, nicht einmal bei den Chanukka-, Purim- und Neumondfesten, wo es doch erlaubt war; kein Wort von Haß und Leidenschaft im Ghetto in seiner Darstellung »dieser Nation... die so voller Erbarmen und Mitleid mit allen bedürftigen Menschen« sei. Kein Hinweis in der Beschreibung »ihrer« Bestattungsriten – er spricht von den Juden in der dritten Person Plural als »sie« und sagt nicht »wir« –, auf die Klageworte, die Modena selbst gerufen hätte, »Meine Gedärme, meine Gedärme, ich komme um vor Schmerz«, als Klage um den Verlust eines Sohnes, dessen Krankheit ausbrach, als er gerade an den *Riti* schrieb.[50]

Diese jüdischen Geheimnisse waren wohlgehütet, außer vielleicht vor den Christen, die im Ghetto ein und aus gingen. Hätte Shakespeare so lange gelebt, daß er das *Leben Jehudas* hätte lesen können, so hätte er vielleicht über die Figur des venezianischen Rabbi, der Bedenken hatte, von Christen Wucherzinsen zu nehmen, nachgedacht.[51] Im vor den Nichtjuden verborgen gehaltenen *Leben Jehudas* widerspricht jedenfalls fast jede Seite dem Bilde Shylocks: ein Jude, der leichtfertig sein Geld verspielt, gegen die jüdischen Mörder seines Sohnes nach Rache schreit, sich in der Bewunderung durch die Christen sonnt und gegen christliche Verachtung nicht nur die gemeinsame Menschennatur, sondern das Alter seines Geschlechts und profunde Bildung ins Feld führt.[52]

Dieser Gedanke eines geschützten inneren Raums verweist auf eine spezifisch jüdische Konstruktion des Gegensatzes zwischen innen und außen in der Renaissance. Christliche Autoren haben bei ihren häufigen Reflexionen über Maskieren und Täuschen normalerweise angenommen, der Gegensatz von innen und außen beziehe sich auf das Individuum und sei schlecht, aber unvermeidbar in einer Gesellschaft, in der es um sozialen Aufstieg und Beförderung geht. Man hielt mit sich Zwiesprache über seine Geheimnisse, teilte sie (wenn man Katholik war) seinem Beichtvater mit, vielleicht noch dem engsten Familienkreis, aber jenseits davon war die Welt unsicher. Die Überwindung dieser Auffassung ist eines der großen Geschenke, die uns Montaignes *Essais* gemacht haben.[53] Bei den Juden war das *Innen* nicht nur auf das Individuum und seine oder ihre Familie bezogen, sondern auch auf die weiter gespannte jüdische Gemeinde. In der historischen Situation des Exils war die Trennung oft notwendig und nicht immer schlecht. Es war gefährlich, manche Geheimnisse den Christen zu offenbaren; besser war es, sie im lärmenden Geschrei gegen den hinterhältigen Unterdrücker Haman beim Purimfest untergehen zu lassen. Bei anderen Geheimnissen war es unklug, sie offenzulegen. Einige Rabbis tadelten jüdische Gelehrte, die Christen Hebräisch und die Kabbala lehrten, weil dabei nichts Gutes herauskommen könne.[54]

Daß der Gegensatz zwischen innen und außen in Modenas *Leben Jehudas* so scharf hervortritt, ist sicherlich die Frucht seiner Lebenserfahrung als Wanderer zwischen den beiden Welten. Er gebrauchte die italienische Sprache, ihre Motive und literarischen Gattungen und fand bei den Christen ernsthaftes Gehör. Doch er findet sich, wenn auch weniger explizit, in den *Memoiren* des Ascher Levy wieder, der zuweilen als Mittler zwischen den elsässischen Juden und der christlichen Obrigkeit wirkte, und ebenso in den *Memoiren* der Glikl bas Judah Leib, die mit Christen Handel trieb und für ihre eingestreuten erbaulichen Erzählungen aus jüdischen und christlichen Quellen schöpfte.[55] Doch wie konnte dieser Gegensatz den Prozeß der Selbsterkundung befördern? Er bot eine größere Bandbreite von Situationen, die anderen, in Hebräisch oder Jiddisch, ungeschminkter und mit mehr persönlicher Emphase beschrieben werden konnten als durch Anleihen bei der Bibel. Wahrscheinlich bot er auch eine doppelte Perspektive, zwei verschiedene Blickwinkel, aus denen man das Ich betrachten konnte. Nicht, daß man nun dem engeren Familienkreis auch wirklich alles über das Innen erzählte. Leone berichtet nur sehr knapp über die Streitigkeiten mit seiner Frau oder erwähnt in den »Miserie del mio cuore« nur ganz kurz seinen Sohn Mordechai, als er über den Streit »mit Raphael Spira ... und danach bis zu seinem Tod mit dem Morisken« spricht.[56] Aber Ascher Levy konnte seinen Nachfahren mitteilen, daß er in der Jom-Kippur-Nacht »einen unreinen Zufall« [eine Pollution] hatte (Omen eines vorfristigen Todes) und zu seiner Frau ins Bett stieg und mit ihr weinte. Und das *Erinnerungsbuch* eines jüdischen Kaufmanns aus Böhmen, der eigentlich Gelehrter hatte werden wollen, ging sogar so weit – ganz ungewöhnlich für Autobiographien des sechzehnten und siebzehnten Jahrhunderts –, seinen Eltern die Schuld für sein Scheitern zu geben. Weil sein Vater und seine Stiefmutter sich nicht um ihn gekümmert hätten, sei er nun Mitte Zwanzig und »unwissend und ohne Lebensklugheit, ohne Söhne und Gattin«.[57] Auch wenn die frühneuzeitliche jüdische Autobiographie dazu diente, durch den ständigen Bezug auf den jüdischen Mythos des Exils, des Leidens und Überlebens die Wechselfälle des individuellen Lebens zu überhöhen, konnte sie doch zu überraschenden Entdeckungen führen durch den Gegensatz zwischen äußeren und geheimen Welten.

Weil sie nur selten veröffentlicht wurden – außer bruchstückweise in gelehrten Vorworten und in hebräischer Sprache (oder im Ausnahmefall der Apologie Uriel da Costas in lateinischer Sprache) –, blieben jüdische Autobiographien bis Ende des achtzehnten Jahrhunderts eine Verwandten und Vertrauten vorbehaltene Gattung. Als der Berliner Philosoph Salomon Maimon 1792 sein *Leben, von ihm selbst geschrieben* in deutscher Sprache veröffentlichte, entwickelte sich die jüdische Memorialistik in eine ganz andere Richtung.[58] In Maimons *Leben* finden wir die radikale Konversion vom jüdischen Dorfgenie zum zügellosen Besucher der glänzenden Berliner Salons; intime Wünsche und jüdische Geheimnisse werden schwarz auf weiß dem Leser enthüllt; das Komische trägt den Sieg über das Klagen davon, selbst wenn alles schiefgeht. Maimons Autobiographie verdankt vieles den Erfahrungen und Vorbildern der Aufklärung, aber sie speist sich auch aus einigen Traditionen der Rhetorik und Selbsterkundung, die der Leser in Leone Modenas *Leben Jehudas* findet.

Schwindler in neuem Gewand:
Remakes von Betrugsgeschichten von Martin Guerre
bis Sommersby

Am Neujahrstag 1979 rief ein Mann, der sich als örtlicher Funktionär der Kommunistischen Partei ausgab, beim Shanghaier Theater an und bat um eine Eintrittskarte für den Sohn eines Revolutionsveteranen, der jetzt im Pekinger Hauptquartier tätig sei. Der Intendant versprach sie ihm beflissen, obwohl es eigentlich keine Karten mehr gab. Wenig später betrat ein junger Mann das Theater; er trug eine abgetragene Armeeuniform, ein untrügliches Zeichen, wie sehr er an den asketischen Idealen der Volksbefreiungsarmee hing. Im Pekinger Dialekt gab er Li Xiaoyong als seinen Namen an. Das Stück schaute er sich auf einem der besten Plätze des Hauses an.

Nach der Aufführung wandte sich der Theaterdirektor an Li Xiaoyong und sagte ihm, er würde ihm gern am folgenden Tag einen Besuch abstatten. Der junge Mann drängte ihn, er möge ihm doch sofort sagen, was er auf dem Herzen habe. Mit gesenkter Stimme fragte der Direktor Li, ob er seine Eingabe um eine größere Wohnung an den Parteifunktionär, der seinetwegen telephoniert hatte, weiterleiten könne. Am nächsten Tag wandte sich der Intendant, der Li Xiaoyong versichert hatte, er könne jederzeit eine Aufführung besuchen, mit einer anderen Bitte an den Parteifunktionär: Könnte sein Sohn nicht von der Kohlengrube, in der er arbeitete, nach Shanghai zurückversetzt werden, was seiner angeschlagenen Gesundheit zuträglicher wäre? Li antwortete, er würde tun, was in seiner Macht liege.

Damit war eine gesellschaftliche Rolle für Li Xiaoyong festgelegt: er fand Zugang zu anderen Shanghaier Theatern, in das Haus einer bedeutenden Schauspielerin und zu den frühjährlichen Teegesellschaften der literarischen und künstlerischen Talente Shanghais. Den Einladungen ging bisweilen ein bestätigender Anruf des örtlichen Parteisekretärs oder sogar von Lis Vater in Peking voraus. Ihnen folgten stets Bitten an Li, er möge bei der Partei oder einflußreichen Persönlichkeiten vorstellig werden, um bessere Theaterrollen zu erlangen, die Rückversetzung von Kindern von ihren Arbeitsstellen auf dem Lande nach Shanghai u.a.m. zu bewerkstelligen. Immer wieder erhielten Lis neue Freunde einen Anruf von einem Funktionär, der ihnen mitteilte, er sei über die Angelegenheit informiert worden, aber es sei schwierig oder riskant, sie weiter zu verfolgen.

Im Frühling hatte es Li geschafft, den Wagen des Parteisekretärs der Shanghaier Universität benutzen zu dürfen – ein seltenes und begehrtes Statussymbol in dieser Gesellschaft von Fußgängern und Radfahrern. Er hatte sich mit einer charmanten jungen Schauspielerin verlobt und lebte im Haus ihrer Familie. Ihr Vater war vor der Revolution ein Kapitalist gewesen; die Familie war deshalb über diese Beziehung zu einer revolutionären Lineage entzückt. Li hob das Ansehen der Brüder seiner Verlobten schon allein dadurch, daß er in ihrer Schule und Fabrik auftauchte.

Im Frühjahr 1979 wandte sich Li Xiaoyong dann direkt an einen Parteifunktionär, um die Versetzung seiner Verlobten in eine bessere Theatereinheit zu erwirken. Die Partei, die gegenüber diesem jungen Mann, der hupend durch die Stadt fuhr, mißtrauisch geworden war, begann zu ermitteln und entdeckte, daß er in Wirklichkeit Zhang Longquan hieß, aus einer ganz gewöhnlichen Shanghaier Familie stammte und in die Stadt zurückgekehrt war, um in ihr einige Tage Urlaub von seiner ungeliebten Arbeitsstelle auf der Volkskommune »Ostwind« zu verbringen. Die Hochstapelei hatte angefangen, als es ihm nicht gelungen war, Theaterkarten für den Neujahrstag zu bekommen – schrittweise schuf er sich dann ein neues Leben. Am 6. April 1979 wurde er verhaftet.[1]

Neun Jahre später in Princeton: Das Zulassungsbüro der *Princeton University* erhielt einen Aufnahmeantrag von einem gewissen Alexi Santana. Er stellte sich als vaterlosen, achtzehnjährigen Cowboy auf einer Ranch in Utah dar, der eine beeindruckende Liste von Büchern gelesen und mehrere Rekorde als Mittelstreckenläufer gebrochen hatte. Seine Noten bei den Aufnahmeprüfungen des College waren sehr gut, und er sprühte vor Intelligenz, als er zu einem Bewerbungsgespräch an die Universität kam. Die Universität ließ Alexi Santana zu und gewährte ihm ein Stipendium für die vierjährige Studienzeit in Höhe von ungefähr 40 000 Dollar.

Santana traf erst im Herbst 1989 in Princeton ein, nachdem er um die Erlaubnis nachgesucht hatte, sich ein Jahr lang in der Schweiz um seine sterbenskranke Mutter kümmern zu dürfen. Er nannte sich nunmehr Alexi Indris-Santana, denn er hatte den Namen seiner verstorbenen Mutter dem seines Vaters hinzugefügt. In Princeton war er sehr erfolgreich, erhielt ausgezeichnete Noten in schwierigen Lehrveranstaltungen und lief für das Leichtathletikteam. Sein großer Freundeskreis ergötzte sich an seinen Geschichten von Reisen in exotische Länder und Abenteuern, und er erlangte die Mitgliedschaft im *Ivy Club*, einem der ältesten und exklusivsten Speiseräume Princetons.

Im Februar seines zweiten Jahres in Princeton nahm er am Harvard-Yale-Princeton-Leichtathletikmeeting teil. Ein Student von der Yale-Universität erkannte ihn wieder, denn er hatte ihn vor etwa sechs Jahren bei einen Leichtathletikmeeting in Kalifornien gesehen. Damals hatte er allerdings Jay Mitchell Huntsman geheißen und den Einladungs-Querfeldeinlauf der Stanford University gewonnen. Aber er war gar nicht startberechtigt gewesen, berichtete der Läufer von Yale, denn er war gar nicht als Student in Stanford immatrikuliert. Nach eigener Aussage war er vielmehr ein sechzehnjähriger Waise aus einem kleinen Ort in Nevada, der versucht hatte, sich in einer High School in Palo Alto einzuschreiben, um sich damit für die Zulassung in Stanford zu qualifizieren. Er mochte so schnell laufen, wie er wollte, hatte ein Sportjournalist in der kalifornischen Presse geschrieben, er war als Sieger nicht legitimiert.

Zehn Tage nach dem Harvard-Yale-Princeton-Leichtathletikmeeting im Jahr 1991 nahm die Polizei von Princeton James Arthur Hogue alias Alexi Indris-Santana fest. Sein vergangenes Leben war so extravagant wie jede der Geschichten, mit denen er die Studenten in Princeton ergötzt hatte. Er war in Kansas City geboren, seine Eltern lebten noch, und er war zehn Jahre älter als er in seiner Bewerbung für Princeton behauptet hatte. Nach einer erfolgreichen Karriere als Student und Läuferstar in Wyoming und Texas war er ohne Abschluß von der Universität abgegangen und in eine Existenz als kleiner Dieb und Betrüger abgerutscht. In New Jersey wurde er nun strafrechtlich verfolgt, weil er sich Tausende Dollar als Stipendium erschwindelt und Dokumente gefälscht hatte, um in Princeton aufgenommen zu werden.[2]

Die beiden Schilderungen aus verschiedenen Ecken der Welt überwinden mühelos Ozeane, Sprachen und nationale Grenzen. Wir können alle die Talente dieser jungen Männer bewundern: Zhang Longquan, der so gewandt auftreten und verschiedene Stimmen und Akzente am Telephon annehmen und so geschickt mit Theaterleuten und Künstlern ins Gespräch kommen konnte; James Arthur Hogue, der bei Prüfungen und in Lehrveranstaltungen so vollendete akademische Fähigkeiten zeigte und ein so schneller Läufer und faszinierender Geschichtenerzähler war.

Und doch sind die Einzelheiten der Betrugsfälle jeweils stark zeit- und ortsgebunden, und ein Teil unseres Interesses an diesen Geschichten von Lug und Trug rührt von dieser historischen Verwurzelung, ihrer Einbettung in einen historischen Kontext her. Zhang/Li in seiner abgetragenen Militäruniform beanspruchte für sich keine königliche Herkunft, sondern eine revolutionäre Abstammung. Er wollte sich keine Erbschaft erschleichen, sondern erstrebte einen bestimmten Lebensstil und gesellschaftliche Verbindungen; er spielte mit dem Glauben an »Einfluß« in einer kommunistischen Gesellschaft. Zhang/Lis Auftritt war eine Parodie auf die kommunistische Schmiergeld- und Vetternwirtschaft; er machte deutlich, wie töricht es war, auf Einfluß zu vertrauen. Nach seiner Enttarnung veröffentlichte die Tageszeitung *Wenhui bao* eine Karikatur, die ihn als Geschenke annehmenden Fuchs in der Uniform der Befreiungsarmee zeigte, verschlagen und zugleich besessen vom chinesischen »Fuchsgeist«, der die Wünsche und Begehren der anderen repräsentierte.[3]

Hogue/Santana entfaltete seine Hochstaplerexistenz in einer Zeit, als die Vereinigten Staaten einen Schauspieler an ihrer Spitze hatten (Ronald Reagan); der junge Mann arbeitete mit Betrug und Täuschung, um etwas zu erlangen, das im Amerika des späten zwanzigsten Jahrhunderts ganz hoch im Kurs steht: die Ausbildung an einer Eliteuniversität. Sein Auftritt war eine Parodie der gängigen Zulassungspolitik an einer Institution wie der Universität Princeton. Er besaß von Natur aus tatsächlich die Qualitäten, die Princeton bei seinen männlichen Studenten suchte: geistige und athletische Fähigkeiten. Als angeblicher Autodidakt und Cowboy mit einem exotischen Nachnamen hatte er sich die Qualitäten zurechtgefälscht, nach denen Princeton suchte, um größere Vielfalt unter den Studenten im Grundstudium zu schaffen. Hogue/Santana weckte Zweifel am amerikanischen Glauben, zum Erfolg komme man durch Leistung und eigene Verdienste. Nachdem seine Hochstapelei aufgedeckt worden war, behaupteten Kommilitonen immer noch, er sei im Grunde anständig – jemand wie Victor Hugos Jean Valjean, ein talentierter Mann, der aus Not kleinere Vergehen begangen habe und nun den rechten Weg gehen wolle.

Diese beiden Fälle sollen als Einleitung genügen zur Betrachtung der Geschichte von Martin Guerre und deren Remakes. Es geht dabei um den universellen Reiz, den eine Betrugsgeschichte ausübt, und zugleich um ihre starke Gebundenheit an die eigene Zeit. Beides zusammen, der Unterschied zu uns und die Ähnlichkeit mit uns geben der Geschichte ihr Gewicht. Jede Epoche schreibt eine Betrügergeschichte bis zu einem gewissen Maß um, um darin die Probleme ihrer Zeit hervorzuheben, doch wenn die Spannung zwischen dem Universellen und dem historisch Spezifischen sich zu sehr abschwächt, verliert die Schilderung an Reichtum und Reiz.

Die Geschichte Martin Guerres ist über Ländergrenzen hinweg durch die Jahrhunderte gewandert und wieder und wieder erzählt worden. Rufen wir sie in groben Zügen in Erinnerung.[4] Ein wohlhabender Bauer im Pyrenäendorf Artigat namens Martin Guerre verließ 1548 seine Ehefrau Bertrande de Rols und seinen gerade geborenen Sohn. Man hörte lange nichts mehr von ihm, doch acht Jahre später war er allem Anschein nach zurückgekommen. Seine Ehefrau akzeptierte den heimgekehrten Martin ebenso wie sein Onkel Pierre Guerre, nunmehr Familienvorstand, seine Schwestern und das ganze Dorf. Nach drei Jahren einer friedlich geführten Ehe und der Geburt einer Tochter brach Streit in Artigat aus. Eine von Pierre Guerre angeführte Fraktion beschuldigte den zurückgekehrten Martin Guerre, er sei in Wirklichkeit Arnaud du Tilh alias Pansette, ein Betrüger aus einem Dorf in der Gascogne. Unterstützung für Pierres Auffassung kam von einem Soldaten, der auf der Durchreise nach Artigat kam und sagte, der richtige Martin Guerre habe im Norden sein Bein verloren, vor zwei Jahren in der Schlacht von Saint-Quentin. Bertrande und ihre Schwägerinnen hingegen führten die Fraktion an, die den Mann in ihrem Bett als ihren Ehemann verteidigte.

Unvermutet schien Bertrande 1560 dann einen Sinneswandel zu vollziehen und beschuldigte als Mitklägerin den Mann, mit dem sie zusammenlebte: er sei nicht Martin Guerre, sondern Arnaud du Tilh alias Pansette. Während der Gerichtsverfahren in Rieux und Toulouse behauptete Bertrande stets, sie sei während der drei Jahre oder noch länger getäuscht worden; doch gab es Anzeichen für ein geheimes Einverständnis zwischen den beiden, denn für jede Geschichte, die sie aus dem vergangenen Zusammenleben mit Martin Guerre erzählte, hatte der in Ketten gelegte Angeklagte stets die richtige Antwort parat. Das *Parlement* von Toulouse wollte gerade feststellen, er sei tatsächlich Martin Guerre, als ein Mann mit einem Holzbein vor Gericht erschien. Er wurde von Bertrande de Rols als der lang verlorene Ehemann erkannt, während der Angeklagte in Ketten immer noch behauptete, Martin Guerre zu sein. Arnaud du Tilh gestand seine Betrügerei erst im letzten Augenblick, kurz bevor er in Artigat gehängt und auf dem Scheiterhaufen verbrannt wurde. Bertrande de Rols und Martin Guerre nahmen ihr Leben als Ehepaar wieder auf.

Alle Arten von Zuhörern haben die spannungsreiche Handlung der Geschichte geschätzt: Verlassen und Heimkehr, das freudige Wiedererkennen, dann die Ablehnung und schließlich das unvermutete Auftauchen des Mannes mit dem Holzbein. Alle Arten von Zuhörern haben sich über den Betrüger und die Ehefrau gewundert. Wie konnte er sie über drei Jahre hinweg und länger getäuscht haben? Zeitgenössische Beobachter, der Richter des *Parlements* von Toulouse, der für die Verurteilung plädierte, und ein junger Anwalt bei Gericht bewunderten Arnaud du Tilhs Gedächtnis und Beredsamkeit, beides für den Juristen notwendige Fähigkeiten, auch wenn sie ihn als einen »wunderbaren Betrüger« verurteilten. »Ich erinnere mich nicht, je von einem Manne gelesen zu haben, der ein so glückliches Gedächtnis hatte«, stellte der Richter Jean de Coras fest. »Er schien den Richtern nicht nur einfach Dinge zu erzählen«, meinte der Anwalt Le Sueur, »sondern sie vor ihren Augen lebendig erstehen zu lassen.«[5]

Bertrande de Rols schildern die zeitgenössischen Darstellungen des Falls – allesamt von männlichen Autoren – vor allem als Opfer eines Betrugs, wie es Frauen »wegen der Schwäche ihres Geschlechts« leicht geschehen könne. Sie sprachen aber auch mißtrauischer von ihr und meinten, sie sei »leichtgläubig« gewesen und habe in ihrem Irrtum »zu lange verharrt«. Der Topos der »leicht zu betrügenden Frau« ermöglichte es dem Gericht, Bertrande de Rols von der Anklage der Mittäterschaft bei Betrug und Ehebruch freizusprechen und alle Schuld dem blendenden Hochstapler Arnaud du Tilh aufzubürden. Dagegen brachte die Formulierung »zu leichtgläubig« einen verstörenden, untergründigen Verdacht zum Ausdruck, ehrbare Frauen – wie Bertrande – könnten beschließen, nach eigenem Gutdünken über ihren Körper zu verfügen.

Diese Aussagen sind in ihrem allgemeinen Charakter für uns verständlich, zugleich aber auch spezifisch für das sechzehnte Jahrhundert. Viele andere Aspekte der Geschichte haben diese doppelte Qualität. Der Betrug in Artigat brachte zum Ausdruck, daß eine Gesellschaft, die in Äckern, Weingärten und dauerhaften Familienverbänden wurzelte, Ehemänner und Erben brauchte. Es war zugleich leichter und schwieriger als heutzutage, eine andere Person zu werden. Leichter, weil die Identität – ohne Fingerabdrücke, Photos, Personalausweise und oft ohne die Möglichkeit eines Handschriftentests oder die Verfügbarkeit von gemalten Portraits – weitgehend durch das Gedächtnis bewiesen wurde. Schwieriger, weil man im Frankreich des sechzehnten Jahrhunderts am Ort bleiben mußte, wollte man auch nur ein Stückchen Land und verwandtschaftliche Verbindungen besitzen. Es gab im sechzehnten Jahrhundert noch keine offene Grenze zur Neuen Welt, in die französische Paare mit Kindern hätten ziehen können, um dort unter einem neuen Namen ein ehrbares Leben zu führen. (Als im siebzehnten Jahrhundert dann die *Nouvelle France* – die französischen Besitzungen im heutigen Kanada – für die Besiedlung freigegeben wurde, gingen junge Burschen vom Lande auf eigene Faust nach Amerika und heirateten dort Indianerinnen oder arme ledige Mädchen, die zu diesem Zweck von Frankreich in die Kolonien gebracht wurden.) Auch wenn Arnaud und Bertrande 1559, als der Streit ausbrach, beschlossen hätten, nach Genf – Calvins Genf – zu emigrieren, so wären sie dort ohne die Besitztümer angekommen, die sie so sehr schätzten, und ohne die Bescheinigung des Pastors über einen anständigen Lebenswandel, den sie für den Einlaß in die reformierte Stadt brauchten.[6] Die Leistung Arnaud du Tilhs besteht gerade darin, den Betrug ins Herz eines festgefügten Dorflebens eingeschleust zu haben.

Nach dem Erscheinen der gedruckten Augenzeugenberichte von Jean de Coras und Guillaume Le Sueur wurde über den Fall Martin Guerre häufig geschrieben. Diese Kommentare sagen viel darüber aus, was das sechzehnte Jahrhundert bewegte. War es richtig, Arnaud du Tilh mit dem Tode zu bestrafen? Michel de Montaigne war der einzige, der die Frage mit nein beantwortete: es habe so viele merkwürdige Dinge bei diesem Fall gegeben, etwa, woher Arnaud all das erfahren hatte, was er wußte, daß er, Montaigne, denke, das *Parlement* von Toulouse hätte sich eines Urteils enthalten sollen. Andere Juristen beglückwünschten Jean de Coras für seine Entscheidung hinsichtlich der Tochter, die aus der intimen Beziehung zwischen Arnaud du Tilh und Betrande de Rols geboren worden war. Sie repräsentierte eine der schlimmsten Bedrohungen durch Betrug und Täuschung in der frühen Neuzeit: sie verwischte die Grenze, die das legitime Kind, und *allein* das legitime Kind, als Erben identifizierte – eine Grenze, die für das frühneuzeitliche Denken über soziale Ordnung und rechtliche Legitimität eine zunehmend zentrale Rolle spielte. Coras entschied, daß die Tochter Bernarde, da ihre Mutter Bertrande im Glauben gewesen war, sie schliefe mit ihrem Ehemann, als sie Bernarde empfangen hatte (oder das Gericht entschied zumindest, Bertrandes Aussage Glauben zu schenken), ein legitimes Kind sei. Doch erhielt die Tochter den Familiennamen du Tilh, und ihr wurde Arnauds Besitz zugesprochen.

Ein anderer Teil der Kommentare über Martin Guerre im sechzehnten Jahrhundert konzentrierte sich auf das »Wunderbare«. Der Erfolg von Arnaud du Tilhs Hochstapelei wurde merkwürdigen und ungewöhnlichen Geschehnissen in der Natur zugeordnet: furchterregenden Kometen, der Verwandlung von weiblichen in männliche Lebewesen sowie unheimlichen Ähnlichkeiten zwischen zwei Personen. Der falsche Martin Guerre wurde somit zu einer übernatürlichen Gestalt.

In der weitverbreitetsten Darstellung des siebzehnten Jahrhunderts wurde die Geschichte wiederum in einen anderen Zusammenhang gestellt und als Einzelfall in eine weitgespanntere Kategorie des »Betrugs« eingeordnet. Sicherlich hatten sich Coras und Le Sueur in ihren Schilderungen auf Betrüger der mittelalterlichen und antiken Welt bezogen. Solche Figuren konnten die Bedeutung einer Geschichte im Bauernmilieu erhöhen und ihr Glanz verleihen: hatte sich nicht Jupiter als Amphitryon verkleidet, um dessen Ehefrau zu verführen? Sie konnten die rechtliche Beurteilung etwa von Bertrandes Wahrhaftigkeit unterstützen: hatte nicht im dreizehnten Jahrhundert die Tochter des Grafen Balduin von Flandern stets an der Authentizität des Betrügers Balduin gezweifelt? Doch die allgemeine Natur des Betrugs, der menschlichen Falschheit, war nicht das Hauptproblem von Coras und Le Sueur: ihre Frage war vielmehr, worin die Identität eines Menschen bestünde, und wie schwierig es sei, zu einer gesicherten Wahrheit zu gelangen.

Im siebzehnten Jahrhundert, nach Jahrzehnten des Kampfes zwischen rivalisierenden religiösen Parteiungen, von Hexenprozessen und Hexenhämmern, von politischen Kämpfen konkurrierender Thronanwärter, widerstreitenden Begriffen davon, was eine gute Regierung sei, und sogar einigen betrügerischen Königen (der falsche Eduard I., der 1555 in England auftauchte und behauptete, er sei 1553 nicht gestorben; die falschen Sebastiane in Portugal, die in den 1580er und 1590er Jahren behaupteten, sie seien König Sebastian, der 1578 nicht gestorben sei), nach all diesen Ereignissen wurde der Begriff des »Betrugs« so bestimmt, daß er alle Arten falscher Prätention und die dazugehörigen Schwindeleien und Täuschungsmanöver umfaßte. Diese Kategorisierung taucht bereits in den ersten Jahren des Jahrhunderts im Buch eines protestantischen Autors auf, das *Wunderbare und Denkwürdige Geschichten* enthielt. In einem Abschnitt über »Seltsame Betrüger« ist »Arnaut Tillet, der sich Martin Guerre nannte« eingeordnet zwischen Frauen, die behaupteten, sie hätten mehrere Monate lang ohne Essen und Trinken gelebt, und einem Bauchredner, der sich Geld beschaffte, indem er die Stimmen verstorbener Verwandter nachahmte und als deren Stimmen aus dem Fegefeuer ausgab.[7]

Zur vollen Blüte kam dieses Genre in *Les Imposteurs insignes*, in den »merkwürdigen Betrügern« des protestantischen Juristen, Historikers und Schriftstellers Jean Baptiste de Rocoles.[8] Aus dem Languedoc gebürtig, nicht weit entfernt von der Heimat Martin Guerres, hatte er Frankreich verlassen (lange bevor die Widerrufung des Edikts von Nantes ihn als Hugenotten zur Flucht gezwungen hätte) und war nach Amsterdam und Berlin gegangen. Sein Buch über mehr als vierzig Betrüger, das 1683 in Amsterdam erschien, war eine bunte Mischung von falschen Thronprätendenten in verschiedenen Ländern (Perkin Warbeck, der behauptete, Richard III. von England zu sein; der falsche Dimitri, der sich als der von Boris Godunov 1591 ermordete Zar ausgab und tatsächlich 1605–1606 in Rußland herrschte) und religiösen Gestalten (Jan Bockelson, der Führer der revolutionären Wiedertäufer von Münster; und der erst kurz zuvor aufgetauchte falsche Messias der Juden, Sabbatai Zewi, der 1666 zum Islam übergetreten war).

»Arnaud du Tilh, Erzbetrüger« war die einzige Gestalt in diesen *Imposteurs insignes*, die nicht mehr beanspruchte als einen Bauernhof, eine Ehefrau und Land, aber Rocoles dachte, eine solch denkwürdige Hochstapelei würde seine Leser ergötzen.[9] Er druckte mithin eine Kurzfassung der Schrift von Jean de Coras ab, wobei er die vielen Anmerkungen mit juristischen Belegen von Coras wegließ, welche die Geschichte komplizierter machten. Bertrande ist fast gänzlich als getäuschte und unschuldige Frau dargestellt. Arnaud wird vereinfacht als schlauer Lügner gezeichnet, seine Gedächtniskunst und seine rhetorischen Fähigkeiten treten etwas in den Hintergrund. Daß der Toulouser Gerichtshof kurz davor stand, ihn zum echten Martin Guerre zu erklären, als unvermutet der Mann mit dem Holzbein auftauchte, wird weggelassen. Es ist immer noch eine gute Geschichte, aber an die Stelle des Spielerischen, der Komplexität und der Selbstzweifel des Berichts von Coras tritt eine moralische Gewißheit, die man auch an anderen Stellen in Rocoles Werk findet. (Beispielsweise folgen auf das Kapitel über Sabbatai Zewi historische Reflexionen über die gerechte Bestrafung der Juden, die sich starrköpfig anzuerkennen weigern, daß der Erlöser schon lange erschienen war.)[10]

Rocoles vereinfachte Version mag auch dem Philosophen Gottfried Wilhelm Leibniz in die Hände gefallen sein, denn nicht viel später bezog er sich in seinen Abhandlungen über den menschlichen Verstand auf »die Geschichte von dem falschen Martin Guerre«. Bei seiner Erörterung der Schwierigkeit, zur Idee der Individuation zu gelangen, geht Leibniz darauf ein, daß Kinder nicht automatisch eine »genaue Idee des Individuums« haben. »[Es] genügt … zu bedenken, daß eine mittlere Ähnlichkeit es leicht täuschen und es veranlassen würde, eine andere Frau für seine Mutter zu halten, die das gar nicht ist. Sie kennen die Geschichte von dem falschen Martin Guerre, der sogar die Frau des echten und dessen nächste Verwandte durch seine Ähnlichkeit, verbunden mit einiger Geschicklichkeit, täuschte und lange Zeit die Richter verwirrte, sogar als der echte schon angekommen war.«[11] Hätte Leibniz den vollständigen Text von Coras gelesen, so hätte er wahrscheinlich geurteilt, daß es nicht einfach Verwirrung war, die Bertrande und Martin Guerres Familie dazu brachten, einen nicht völlig ähnlichen Mann als Ehemann und Erben zu akzeptieren.

Rocoles Buch wurde ins Englische und ins Deutsche übersetzt, aber im Lauf des achtzehnten Jahrhunderts hatte sich die Wahrnehmungsperspektive der Geschichte Martin Guerres erneut geändert. Zwei Anwälte beim Parlement von Paris, Gayot de Pitaval (1734) und Richer (1772) brachten eine Sammlung von *Causes célèbres* heraus, von berühmten Prozessen und ihren Urteilen.[12] Die Auswahl der Fälle war eklektisch: Martin Guerre, die erste Geschichte des mehrbändigen Werks; der Fall eines Kindes, das von zwei Müttern beansprucht wurde; der Prozeß gegen die Marquise de Brinvilliers im siebzehnten Jahrhundert, die zusammen mit ihrem Geliebten ihren Ehemann und dessen Familie umbrachte; Erbstreitigkeiten u. a. m. Die Bücher, die sich sehr gut verkauften, reflektierten einen über die Juristen hinaus verbreiteten Geschmack daran, die Welt durch die Brille von Rechtsstreitigkeiten und durch Bewerten und Abwägen von Argumenten zu sehen. Der Leser staunte nicht über das Wunderbare oder identifizierte sich mit dieser Gestalt wie im sechzehnten Jahrhundert, bei ihm wurde nicht, wie im siebzehnten Jahrhundert, Empörung über Betrüger und Hochstapler geweckt: Er wurde nunmehr angeregt, wie ein Richter zu denken und seine Entscheidung abzuwägen. In die Erstausgabe nahm Gayot de Pitaval sogar bedeutende politische Konflikte auf – wie das Leben und den Hochverratsprozeß von Maria Stuart – und schrieb sie um, gleichsam als ob die ganze Geschichte wie ein Gerichtsfall aufgebaut werden könnte. Daran äußerte Richer in der zweiten Auflage Zweifel: derartige Ereignisse sollten »in Büchern, die der öffentlichen Geschichte von Nationen gewidmet sind«, dargestellt werden und nicht in eine Sammlung aufgenommen werden, in der es um »die Intrigen und Interessen von einzelnen Privatpersonen« ginge. Tatsächlich hatte Gayot de Pitaval seine Hand am Puls der Zeit: Kenner der Geschichte des achtzehnten Jahrhunderts haben gezeigt, daß die Veröffentlichung der Argumente in Zivil- und Strafprozessen ein wichtiges Mittel war, um in einer zensierten Presse politische Ideen zu äußern.[13]

Gayot de Pitaval wie Richer entnahmen ihre Darstellung des Falls Martin Guerre der Schrift von Jean de Coras, lieferten aber keine reine Nacherzählung, sondern eine eigene Geschichte. Sie sind die ersten Autoren von *Remakes*, die explizit darauf verweisen, wie wahrscheinlich es war, daß Bertrande nicht von Arnaud du Tilh getäuscht worden sei: »Viele werden glauben, daß Bertrande sich willentlich hat täuschen lassen, weil sie an dem Irrtum Gefallen gefunden hatte«, schrieb

Gayot. Aber in ihrer Vorstellung war sie eine furchtsame Frau, die Arnaud als Ehemann angenommen hatte und dann von Pierre umgestimmt wurde, selbst jedoch keinerlei Initiative ergriff. Was Arnaud du Tilh angeht, so spielten sie dessen verblüffende Geschicklichkeit herunter. Statt Arnauds außergewöhnliches Gedächtnis an die geringsten Umstände des Lebens von Martin Guerre magischen Künsten zuzuschreiben, wie Jean de Coras versucht war zu glauben, nachdem der Mann mit dem Holzbein aufgetaucht war, erklärten Gayot und Richer dies vor allem mit einer Begegnung von Arnaud und Martin während ihrer Soldatenzeit in der Picardie. Martin Guerre habe ihm nicht nur von seinen Verwandten und seiner Frau erzählt, sondern »in der Trunkenheit habe er ihn sogar einst mit Geheimnissen bekanntgemacht, welche sonst nur Hymens Eingeweihten offenbar würden.«

Die Autoren des achtzehnten Jahrhunderts legten diese Worte Arnaud als sein letztes Geständnis in den Mund, aber sie finden sich nicht in der Schrift von Coras (oder an entsprechender Stelle bei Le Sueur), sondern tauchen nur als eine Vermutung in der ursprünglichen Klageschrift auf. Tatsächlich war Martin Guerre aber Soldat in der spanischen Armee, Arnaud du Tilh hingegen im französischen Heer gewesen, und nur Martin hatte in der Schlacht von Saint Quentin gekämpft. Beim Prozeß beharrten beide darauf, einander nie zuvor begegnet zu sein; Arnaud fügte noch hinzu, er habe vor längerer Zeit einige »geheime Informationen« von anderen Menschen erhalten. Le Sueur glaubte, daß die beiden Männer die Wahrheit sagten und kommentierte, dies mache Arnauds Betrug »mirabilis magis«, noch viel wunderbarer. Für die Juristen des achtzehnten Jahrhunderts war das außergewöhnliche Wunder stark zusammengeschrumpft.

In der Version von Gayot und Richer wanderte die Geschichte von Martin Guerre im Osten bis nach Rußland, in einer Übersetzung vom Ende des achtzehnten Jahrhunderts,[14] und westwärts bis nach Amerika, wo die *New London Gazette* in Connecticut sie schon 1763–1764 als Fortsetzungsgeschichte druckte. 1787 übersetzte die englische Dichterin und Prosaautorin Charlotte Smith sie zusammen mit vierzehn anderen Fällen aus der Sammlung von Gayot und veröffentlichte sie unter dem Titel *The Romance of Real Life*.[15] Sie wurden nicht mehr als eine juristische Abwägung der Welt präsentiert, sondern sollten zeigen, wie sie in ihrem Vorwort sagte, daß historische Tatsachen des Alltagslebens so fesselnd sein könnten wie eine romantische Fiktion, eine für die Schriftstellerinnen ihrer Generation charakteristische Bemerkung. Charlotte Smiths Geschichte von Martin Guerre war indessen eine Übersetzung und nicht durch ihre eigenen Ansichten geprägt.

Wir müssen bis zum zwanzigsten Jahrhundert warten, um Bertrande de Rols von einer Frau gedeutet zu finden. Janet Lewis, Dichterin, Schriftstellerin und Ehefrau des Literaturwissenschaftlers Ivor Winters, begann sich für Indizienprozesse zu interessieren, als ein Kollege ihres Mannes im Seminar für englische Literatur an der Stanford University eines Mordes angeklagt und für schuldig befunden wurde, den er ihrer Meinung nach nicht begangen hatte. Sie schrieb einen Roman, der auf diesem und zwei anderen Fällen beruhte, in denen Indizienbeweise großes Gewicht hatten und in die falsche Richtung führten. Einer von ihnen war der Fall Martin Guerres, den sie nur in einer verkürzten Version kannte, durch Alexandre Dumas père, *Famous Cases of Circumstancial Evidence* [*Crimes célèbres*, 1839 ff.]. Ihr eigentliches Interesse galt Bertrande de Rols, über die sie 1941 einen fesselnden psychologischen Roman verfaßte, *The Wife of Martin Guerre*. Darin stellte sie sich eine Bertrande vor, die anfangs getäuscht worden war, dann den Betrug immer mehr durchschaute, aber weiterhin mit einem Mann zusammenleben wollte, der ein besserer Ehemann war als Martin, der sie geschlagen und verlassen hatte; am Ende habe jedoch ihr Gewissen sie dazu gedrängt, ihn vor Gericht zu bringen. 1982, im Alter von dreiundachtzig Jahren, korrigierte Janet Lewis diese Deutung: Sie habe nunmehr Coras gelesen und würde die Geschichte anders erzählen; sie würde den Druck ernster nehmen, den Pierre Guerre auf Bertrande ausgeübt hatte, damit sie sich gegen Arnaud wandte. Doch was immer sie später dachte, sie war die erste, die sich einfühlsam und imaginativ *in* die Gedankenwelt einer Bäuerin aus dem sechzehnten Jahrhundert versetzte, *über* die so viele Jahrhunderte lang gesprochen worden war.[16]

Ebenfalls in Kalifornien stieß ich 1976 auf die Geschichte von Martin Guerre im *Arrest memorable* [Denkwürdiges Urteil] von Jean de Coras. Ich hielt gerade an der Universität Berkeley eine Lehrveranstaltung über »Familie, Verwandtschaft und Sozialstruktur in Frankreich im 16. Jahrhundert« ab, und eine meiner Studentinnen, die eine Seminararbeit über Adoption schrieb, hatte das Buch in der *Rare Book Library* der juristischen Fakultät gefunden.[17] Ich las es und sagte zu mir, »daraus muß man einen Film machen«. Die Geschichte hatte einen perfekten Handlungsfaden, sie gab tiefen Einblick in das Leben von Dorfbewohnern, und sie war ein Blick über Klassengrenzen hinweg, von Richtern auf Bauern – genau die Art Geschichte, die ich gern betreibe. Hier gab es eine Chance, das Spezifische des sechzehnten Jahrhunderts Millionen von Menschen nahezubringen, die sonst nichts davon erfahren würden.

Vier Jahre später fand ich mich in Paris mit dem Drehbuchautor Jean-Claude Carrière und dem Regisseur Daniel Vigne bei dem Versuch wieder, ein *Remake* der Betrugsgeschichte zu schreiben. Mein feministisches Bewußtsein (das einer späteren Generation als jenes von Janet Lewis) und meine Auffassung als Historikerin, daß die Menschen zum Teil ihr Leben selbst gestalteten, ließen mich Bertrande de Rols als aktiv Handelnde sehen und in Arnaud du Tilh mehr als nur einen faszinierenden Schurken. Carrière und Vigne brachten als französische Männer am Ende des zwanzigsten Jahrhunderts ihre Sicht der Frauen als gleichberechtigte Partnerinnen, ihre Bewunderung für einen Selfmademann und ihr Fachwissen ein, wie man komplexe Verhältnisse in eine Filmerzählung einbettet. Wir stimmten alle darin überein, daß die Belege stark für Bertrandes Komplizenschaft bei dem Betrug sprachen, wenn sie sich dessen nicht schon von Anfang an voll bewußt war (dann vielleicht mit einem offenen Einverständnis zwischen den beiden). Wir stimmten überein, daß es gute Belege dafür gab, einen Arnaud zu zeichnen, der den Betrug als Gauner begonnen hatte, dann aber von seiner Rolle als bäuerlicher Haushaltsvorstand und Ehemann von Bertrande de Rols in Bann gezogen worden war. Und wir stimmten alle überein, daß der Film einen kurzen Augenblick einfangen könnte, in dem in der festgefügten Welt des sechzehnten Jahrhunderts so etwas wie die Möglichkeit durchschimmerte, sein Leben in die eigenen Hände zu nehmen.

Der Film *Le Retour de Martin Guerre* weicht in zwei bedeutenden Aspekten von den Schriften Jean de Coras' und Guillaume Le Sueurs ab.[18] Einer Abweichung stimmte ich zu und half, sie zu gestalten. Am Ende des Films werden Martin Guerre und Arnaud du Tilh als Freunde dargestellt, die sich im Krieg kennengelernt hatten, eine Situation, die (wie Sie gerade gelesen haben) mit Sicherheit nicht der Wirklichkeit entsprach. Ich wußte damals, daß ihre frühere Freundschaft nur in Bertrandes Klageschrift vermutet wurde und daß später in der Schrift von Coras Zweifel daran geäußert wurden. Aber in diesem frühen Stadium war ich gefesselt von Coras' Anmerkung über betrogene Freundschaft und dachte, dies würde eine dramatische Konfrontation zwischen den beiden Männern ergeben. Erst später entdeckte ich die bis dahin unbekannte Schrift des jungen Anwalts Guillaume Le Sueur, in der betont wird, daß sich die beiden vorher nie begegnet waren. Erst später verfolgte ich Martin Guerres Verbindungen zur Grandenfamilie Mendoza in Spanien und stellte fest, daß nicht beide in der Schlacht von Saint Quentin gekämpft hatten. Und wiederum später sah ich Gérard Depardieu, wie er Arnaud spielte, der Martin Guerre spielte, und erst da wurde mir klar, daß ein wirklich erfolgreicher Betrug – bei dem man wie Arnaud anfängt zu glauben, man sei wirklich die andere Person, und selbst noch protestiert, man sei Martin Guerre, wenn die Richter das Urteil über einen sprechen – sehr viel wahrscheinlicher ist, wenn man die wirkliche Person nie gesehen hat. Wie Depardieu schafft man sie dann aus dem Bauch.

Der anderen Abweichung von den historischen Quellen habe ich mich widersetzt. Im Film ist Bertrande de Rols nicht Mitklägerin im Prozeß gegen den falschen Martin Guerre. Der Zuschauer denkt, sie könnte es zeitweise gewesen sein, erfährt aber bald, daß ihr Namenszeichen unter der Klageschrift gefälscht worden war. Im Film spielt sie im Prozeß nicht jene Doppelrolle, die unzweideutig aus dem Kommentar von Coras hervorgeht, in dem sie sowohl sagt, sie habe entdeckt, daß sie getäuscht worden sei, *und zugleich* nur Geschichten aus Martin Guerres Vergangenheit erzählt, die Arnaud stets genauso wiederholen kann. Vielmehr unterstützt die Bertrande des Films von Anfang bis Ende den als Betrüger angeklagten Mann als ihren echten Ehemann. Ich habe dies bedauert, weil dies von den Quellenzeugnissen, der Schrift von Coras, abweicht, juristisch gesehen unmöglich ist (der Fall wäre sofort vom Gericht abgewiesen worden, hätte Bertrande nachgewiesen, daß sie die Klage nicht selbst unterzeichnet hatte) und weil damit Bertrandes Rolle als selbständig Handelnde abgeschwächt wurde. Damit lief man Gefahr, eine romantische Bertrande des neunzehnten Jahrhunderts zu schaffen, die ihrem Mann treu beistand – statt einer Bäuerin des sechzehnten Jahrhunderts mit einem verwundbaren rechtlichen Status, die wenn möglich eine friedliche Ehe führen wollte, aber Vorsichtsmaßnahmen gegen Beschuldigungen wegen Ehebruch oder andere Bedrohungen ihres Lebens und das ihrer Kinder treffen mußte. Jean-Claude Carrière dachte, es würde die Geschichte zu kompliziert machen, wollte man die historische Bertrande darstellen; vielleicht wollte er auch die Initiative und das Charisma stärker Arnaud zusprechen. Wie dem auch sei, ich habe mein Bestes getan, um eine dem sechzehnten Jahrhundert entsprechende Rolle auszudenken für eine Bertrande im Film, die »ihrem Mann beistand«, bis es fast zu spät war. Dann teilte ich Carrière und Vigne mit, ich hätte beschlossen, eine historische Studie über den Fall zu schreiben.

In diesem Buch (dessen Argumente diesem Essay naturgemäß zugrunde liegen) habe ich versucht, mit historischen und ethnologischen Methoden das Leben und die Wertvorstellungen aller vier dörflichen Hauptfiguren – Bertrande de Rols, Arnaud du Tilh, Martin und Pierre Guerre – zu rekonstruieren sowie die Lebenszusammenhänge und die Darstellungen der Geschichte durch den Richter Jean de Coras und den Anwalt Guillaume Le Sueur zu verstehen und verständlich zu machen. Im Rückblick würde ich sagen, daß ich damals neben meiner Beschäftigung mit Frauen und historischer Möglichkeit auch an Problemen der Identität interessiert war, wie sie im multikulturellen Nordamerika am Ende des zwanzigsten Jahrhunderts definiert werden. Der baskische Hintergrund der Familie Guerre spielte in meinem Bericht nicht nur deshalb eine wichtige Rolle, weil ich der ethnographischen Methode treu bleiben wollte, sondern auch, weil wir in den Vereinigten Staaten und Kanada über Ethnizität nachdenken und diskutieren. Und als Enkelin und Urenkelin jüdischer Einwanderer in Amerika habe ich mich in meinem ganzen Leben mit »Selbstbildung« (wie Montaigne sagte) beschäftigt.

Martin Guerre ist immer noch eine unvollendete Geschichte. Viel kann darüber noch gesagt werden und wird darüber gesagt. Tatsächlich habe ich den Plan, eines Tages nach Artigat zurückzukehren und auf Martin Guerres Weg nach Burgos die Pyrenäen zu überqueren. Dennoch waren Jean-Claude Carrière, Daniel Vigne und ich überrascht, als wir vor einigen Jahren aus der Zeitung erfuhren, daß der Regisseur Jon Amiel einen internationalen Hollywoodfilm (Warner Brothers), ein *Remake* der *Rückkehr des Martin Guerre* produzierte, der im amerikanischen Süden während der Zeit des Wiederaufbaus nach dem Bürgerkrieg spielte. Das Drehbuch schrieben Nicolas Meyer und Sarah Kernochan. Die Entscheidung für ein *Remake* begründete Nicholas Meyer folgendermaßen: »›Martin Guerre‹ ist in Amerika recht gut angekommen. Aber die Leute wollen keine Untertitel lesen, und wenn die Studios über Zuschauer reden, dann sprechen sie über Millionen, nicht über Tausende.«[19]

Der Film *Sommersby* ahmt Teile des visuellen Apparats der *Rückkehr von Martin Guerre* nach, folgt einigen Elementen der Handlung und versucht, die psychologischen Einsichten des Films und des Buchs auf den Betrüger und seine Ehefrau in Tennessee in den Jahren 1865–1867 anzuwenden. Laurel Sommersby hatte die Plantage der Familie im Süden während der sechsjährigen Abwesenheit ihres Mannes, der in der Armee der Konföderierten kämpfte, tapfer geleitet. Als gefallen geltend, kehrt der Ehemann – oder ein Mann, der sich selbst Jack Sommersby nennt – zurück und beansprucht seinen Platz bei ihr und ihrem kleinen Sohn. Tatsächlich ist er der gerissene und nicht ungebildete Gauner Horace Townshend, der einen Teil des Krieges zusammen mit Sommersby in einer Gefängniszelle verbracht hatte und ihn in einem Kampf nach ihrer Freilassung hatte sterben sehen. Er ist sehr viel netter als der rauhbeinige und knauserige Ehemann, der sie verlassen hatte, und Laurel, die zunächst einen Verdacht hegt und schrittweise die Tatsache akzeptiert, daß er ein anderer ist als Jack Sommersby, beschließt, er sei gut genug für sie und überdies ihrem angetrauten Ehemann bei weitem vorzuziehen. Unterdessen wandelt sich der falsche Sommersby zu einem besseren Menschen, als er es in seiner Zeit als Tunichtgut gewesen war, und wird ein guter Pflanzer. Er führt den Tabakanbau in Tennessee ein und verspricht seinen weißen Nachbarn und den ehemaligen Plantagensklaven (nunmehr Pächtern), sie könnten das Land erwerben, auf dem sie die neue Pflanze anbauen. Das Engagement für die Schwarzen trägt ihm die Feindschaft des Ku-Klux-Klan ein; einer seiner Führer ist zudem eifersüchtig wegen seiner Beziehung zu Laurel, die er einst zu heiraten gehofft hatte. »Sommersbys« Rivale kommt auch an Beweise, daß Laurels Ehemann ein Betrüger ist. Unvermutet wird Anklage wegen Mordes gegen den Sommersby genannten Mann erhoben, der vor dem Bürgerkrieg einen Bekannten getötet haben soll. Vor Gericht, das von einem farbigen Richter der Wiederaufbauperiode präsidiert wird, akzeptiert er lieber die Todesstrafe für Sommersbys Verbrechen, statt geltend zu machen, er sei jemand anderes. So bewahrt er seine und Laurels Ehre unter seinem neuen Namen und schützt die Eigentumsrechte der Farbigen an den Tabakfeldern. Laurel Sommersby weint, als er hingerichtet wird.

Man kann viele kleinere Fragen zu *Sommersby* aufwerfen. Ich habe mir den Film zusammen mit dem Historiker James McPherson, einem Spezialisten für den amerikanischen Sezessionskrieg und die Wiederaufbauperiode, angesehen. Er kritisierte den unnötigen Wirbel um die Einführung des Tabaks in Tennessee: er wurde seit Ende des achtzehnten Jahrhunderts dort angebaut und war in den 1830er Jahren eines der Hauptexportprodukte.[20] Die Mordanklage gegen Jack Sommersby – der in betrunkenem Zustand bei einem Streit beim Kartenspiel einen Mann getötet hatte, nachdem dieser ihn zuerst geschlagen hatte – wäre vor einem Südstaaten-Gericht im Handumdrehen in eine Anklage wegen Totschlags oder ein noch geringeres Delikt umgewandelt worden. Und wir stellten fest, daß der Film in jeder Hinsicht »politisch korrekt« war: er gewann die Unterstützung der Afroamerikaner durch den farbigen Richter (wenn auch nicht immer durch die Art und Weise, in der die schwarzen Pächter gezeichnet werden); umgekehrt gewann er die Unterstützung der Südstaatler und Anhänger der Konföderierten, indem er zugleich die Nordstaatler, die zum Wiederaufbau in den Süden kamen, als Gauner und *Scalawags* [Lumpen] darstellt.

Doch derartige Details sind in unserem Zusammenhang unwichtig. Ähnliche Vorwürfe ließen sich gegen jeden historischen Film erheben, und ich habe selbst einige Einwände gegen die *Rückkehr von Martin Guerre* vorgebracht. Ich möchte vielmehr die wichtigere, schon eingangs gestellte Frage aufwerfen. Läßt sich die Handlung der Geschichte Martin Guerres – in der es um Eigentum, Erbschaft und illegitime Kinder geht, in einer Gesellschaft ohne offene Grenzen, jenseits derer man ein neues Leben als Bauer beginnen konnte, in der das Gedächtnis der hauptsächliche Garant der Identität war – wirklich in die Südstaaten der Rekonstruktionszeit übertragen? Oder vielmehr, ist eine solche Übertragung eigentlich interessant? Oder ist es nicht vielmehr so, daß die spezifischen Aspekte der Geschichte, wenn sie in den Kontext der 1860er Jahren transponiert wird, gerade die brennenden Fragen nach Identität und Betrug im Amerika des neunzehnten Jahrhunderts und in den Südstaaten nach dem Sezessionskrieg vernebeln? Der universelle Reiz der Betrügergeschichte geht, wie ein Kritiker schrieb, völlig verloren in einem Film »über ausgelaugte Böden, Fruchtwechsel und Düngemittel«.[21]

Nun sind aber über das Amerika des neunzehnten Jahrhunderts großartige Betrügergeschichten erzählt worden; aus ihnen ließen sich Filme machen, die Millionen Zuschauer anziehen könnten. Eine solche Geschichte ist der letzte Roman von Herman Melville, *The Confidence Man* [dt. *Maskeraden oder Vertrauen gegen Vertrauen*], der 1857 veröffentlicht wurde; die andere ist ein später Roman von Mark Twain, der er unter dem Titel *Pudd'nhead Wilson* [dt. *Querkopf Wilson*] in den 1890er Jahren publizierte. Beide handeln von einem Amerika, in dem die Selbstdarstellungskunst von P. T. Barnum ein Modell für sozialen Aufstieg bildete, in dem es Raum für Weiße – und bisweilen auch für Afroamerikaner – gab, Identitäten zu wechseln, neue Identitäten aufzugreifen und sie sich zurechtzuschneidern; ein Amerika, in dem soziale Mobilität und der sie begleitende Zweifel eine zentrale Erfahrung war. Samuel Clemens/Mark Twain besaß ein Buch mit dem Titel *Impostors and Adventurers. Noted French Trials* (1882), das mit dem »Falschen Martin Guerre« begann. Doch in seinem *Huckleberry Finn* reproduzierte er nicht einfach eine unangemessene Handlung, sondern schuf mit dem König und dem Herzog Betrüger und Abenteurer mit einem amerikanischen Hintergrund.

Pudd'nhead Wilson behandelt eine noch brennendere Frage, die das Südstaatlerbewußtsein mehr umtrieb als die Frage, ob der zurückgekehrte Mann an der Spitze der Plantage wirklich der einstige Pflanzer war. Der Roman handelt von der unscharfen Grenze zwischen

Schwarzen und Weißen, im äußeren Anschein und in der Lebenspraxis, von der Übertragung von Eigentumsrechten und Identitäten – ein Thema, das zahlreiche Romane und Kurzgeschichten am Ende des neunzehnten Jahrhunderts beschäftigte. Im Roman *Pudd'nhead Wilson*, der vor dem Sezessionskrieg spielt, ähneln sich zwei Kinder, weil sie denselben Vater haben, den Plantagenbesitzer. Doch die Mutter des einen ist eine fast weißhäutige Haussklavin, die des anderen die verstorbenen Herrin der Plantage. Die Sklavin Roxy vertauscht die beiden Säuglinge. Die Geschichte erzählt ihr Geschick als Jugendliche, nachdem Roxy dem freien Thomas à Beckett Driscoll enthüllt hat, daß er in Wirklichkeit ihr Sohn und somit ein Sklave sei. Dies ist eine Betrügergeschichte, die ins Herz der Südstaatlerängste traf und in ironischer Weise über Fragen der Rasse und der sozialen Umwelt reflektierte. Warum ist Thomas à Beckett Driscoll, der im Herrenhaus aufgewachsen ist, ehrlos und gemein, der von Roxy als Sklave aufgezogene Valet de Chambre hingegen mutig und sittsam? Diese Betrüger hundert Jahre später in einem Film zu gestalten, erforderte viel kritischen Scharfsinn, wäre aber eine sehr viel lohnendere Herausforderung, als Artigat nach Tennessee zu verpflanzen.

In diesem Essay ist viel davon die Rede gewesen, wie eine Geschichte überdacht, umgeschrieben und neu gestaltet worden ist, mit besonderer Aufmerksamkeit für den historischen Kontext. Betrüger sind als Gestalten gezeichnet worden, welche die Spannungen ihrer Zeit deutlich machten und erstaunliche Talente besaßen. Zum Abschluß möchte ich dagegen noch ein dauerhaftes Element unseres Verhältnisses zu Trug und Wahrheit erwähnen: Die Tatsache, daß eine Betrügergeschichte universellen Anklang findet, bedeutet nicht, daß wir als Menschen nur bewußt täuschen wollen. Michel de Montaigne kann uns hier als Führer dienen. Einerseits war er zögernd und vorsichtig, wenn es um unwiderrufliche Todesurteile ging wie im Fall Martin Guerre. Er war auch selbstkritisch hinsichtlich seines schwachen Gedächtnisses und der Neigung zu Irrtümern. Andererseits forderte er uns auf, miteinander so aufrichtig wie nur möglich zu sein, gegenüber unseren Zeitgenossen und den Menschen der Vergangenheit. Oder in seinen Worten: »Wir sind nur Menschen und haben nur Gemeinschaft miteinander durch das Wort.«[22]

Ad me ipsum
Ein (nicht nur) wissenschaftlicher Lebenslauf

Über Geschichte wurde während meiner Mädchenjahre im Detroit der dreißiger Jahre beim Abendessen nicht gesprochen. In den Bücherregalen standen die Erzählungen, Romane und insbesondere die Theaterstücke, die mein Vater so sehr liebte, und die von meiner Mutter geschätzten moralischen Erbauungsbücher für das Volk. Daß unter den Vorfahren meiner Mutter in Rußland gelehrte Talmudisten waren, erfuhr ich erst Jahre später in Tel Aviv von einem älteren Vetter. Meine Eltern waren in den Vereinigten Staaten geboren – meine Mutter in Berlington, Vermont, mein Vater in Detroit – und hatten die typische Zeitperspektive von Einwandererkindern jener Zeit, sie waren ganz und gar der Gegenwart und Zukunft zugewandt. Wichtig war, ein sehr erfolgreicher Amerikaner zu sein und zugleich standhaft an der jüdischen Identität festzuhalten: beispielsweise in die Tennismannschaft der Universität von Michigan aufgenommen zu werden (wie mein Vater) und dann für sein »M« kämpfen zu müssen, weil der Tennistrainer nie zuvor einem Juden einen Buchstaben zugeteilt hatte.

Die Vergangenheit war zu unangenehm, als daß Kinder etwas über sie erfahren sollten. Mein Bruder und ich erhaschten nur Bruchstücke und Fetzen von ihr: Wenn in Großvaters Haus das Wort »Pogrom« geflüstert wurde; durch Postkarten mit unkenntlichen Buchstaben und Briefmarken aus fernen, unbekannten Ländern, die manchmal im Briefkasten lagen; durch das Jiddisch, daß meine Mutter mit ihrer älteren Schwester sprach, wenn sie wollte, daß wir nichts verstehen sollten. Später, als ich Rußland und Polen besuchte, fand ich heraus, daß die Kindergerichte, die ich für typisch jüdisch hielt – Roggenbrot, Sauerrahm und Hüttenkäse – lediglich die normale Kost in Osteuropa waren. Später entdeckte ich sogar, daß meine Familie auch eine Vergangenheit im Amerika des neunzehnten Jahrhunderts hatte. Sie waren Siedler in entlegenen Landstrichen: mütterlicherseits Hausierer am Lake Champlain, die in den 1880er Jahren die erste Synagoge in Burlington gründeten; väterlicherseits mein Urgroßvater, der in den 1870er bis 1880er Jahren eine Gemischtwarenhandlung in Elk Rapids

(Michigan) betrieb, Land von den Ojibwa-Indianern kaufte und vor Sonnenuntergang zwanzig Meilen nach Traverse City ritt, wenn er am Sabbat beim *Minjan*, dem Synagogengebet, dabeisein wollte. Mein Vater Julian Zemon war ein Grossist, der Stoffe an die Automobilfabriken um Detroit verkaufte. Meine Mutter Helen Lamport gab ihre Tätigkeit im Büro des Familienbetriebs auf und widmete sich ihren Kindern und Familienbelangen, ihrem Garten, dem Golf und der Arbeit in der *Hadassah*, der zionistischen Frauenorganisation Amerikas. Meine Eltern kauften ein Haus, das etwas vom jüdischen Viertel entfernt lag, und so lebten wir als eine Handvoll *Landsleit* verstreut unter den Nichtjuden. Manchmal war es leicht, meine beiden Welten zusammenzubringen, so etwa, als ich die *Detroit Tigers* unterstützte: Mickey Cochrane, der Kapitän der Baseballmannschaft, wohnte um die Ecke, und der Homerun-Held der Tigers war Hank Greenberg. Manchmal standen die beiden Welten zueinander in Gegensatz, beispielsweise während der Weihnachtszeit, wenn das Haus der Zemons eines der wenigen Häuser ohne Lichterschmuck in der Straße war. Ich schüttelte meinen Kopf über die Verbohrtheit unserer Nachbarn und hoffte, der wahre Messias möge zu meinen Lebzeiten erscheinen und sie erleuchten.

Wir führten das Leben von Angehörigen der wohlhabenden Mittelschichten. Die Wirtschaftskrise hinterließ kaum Spuren in diesen komfortablen Häusern, in die Farbige nur eintraten, um zu putzen, zu bügeln oder bei Tisch zu bedienen. Dennoch brach auch in dieses Leben die Politik. Im Radio, wenn wir gerade Jack Benny und Fred Allen hörten und Bombenangriffe in Spanien gemeldet wurden oder Hitlers Tiraden in deutscher Sprache zu hören waren. Oder im Schulhof der Grundschule, als die ersten deutschen Flüchtlinge auftauchten, zwei jüdische Jungen in exotischer Lederhosentracht, die spuckten, wenn Kinder gemein zu ihnen waren. Auf dem Bürgersteig, wenn ich dort mit meinen Freundinnen ging und ein Klassenkamerad entgegenkam und mit dem Finger auf mich zeigte: »*Du* bist eine Jüdin«, sagte er. »Na und?« erwiderte ich. Meine ersten Erinnerungen an das Europa, das später meine Heimat als Historikerin werden sollte, waren voller Schrecken.

Meine Eltern beschlossen, mich auf eine private Mädchenschule in einem Vorort von Detroit zu schicken – *Kingswood School Cranbrook* –, einige Jahre später folgte mein Bruder auf die Knabenschule. Kingswood war damals eine exklusive Schule mit Mädchen aus den reichen Familien Detroits und einer Quote von etwa zwei Jüdinnen pro Klasse (in der Knabenschule lag sie etwas höher). Fortan überschnitten sich meine beiden Welten etwas. Einerseits stürzte ich mich in das Schulleben, schloß Freundschaften, versuchte beim Hockey und auf dem Tennisplatz mein Bestes zu geben und wurde zu meinem Entzücken Vorsitzende des Schülerrats. Andererseits begannen wir Mädchen auf der *High School* uns mit Jungen zu treffen, und es war für beide Seiten undenkbar, daß ein jüdisches Mädchen mit einem nichtjüdischen Jungen ausgehen konnte; mein soziales Leben spielte sich mit jüdischen Jugendlichen von den *Public Schools* in Detroit ab. Beim wöchentlichen christlichen Gottesdienst in Kingswood kreuzte ich die Finger beim Gebet und den Kirchenliedern, auf daß mir mein Gott des Alten Testaments nicht zürnen mochte.

Ich ging sehr gern zur Schule und mochte alles: Latein und Französisch, die Stücke von Shakespeare, Algebra und ganz besonders die Überraschungen der Geschichte, von den alten Kulturen über das frühneuzeitliche Europa bis zur Geschichte Amerikas. Ich liebte es, zu unterstreichen und zu exzerpieren, Fakten und Zeittafeln auswendig zu lernen – all die Dinge, von denen man dachte, sie würden den Schülern auf der *High School* das Interesse am Unterricht verleiden und sie die Geschichte hassen lernen. Noch besser war es, etwas über die athenische Demokratie, die Aufklärung, die Französische Revolution oder die Amerikanische Revolution zu erfahren! Mir war nie klar gewesen, wie stark schon in der Vergangenheit das menschliche Streben, die Hoffnung auf ein besseres Leben waren – ein Gegengewicht zu dem Krieg, der auf der anderen Seite des Atlantiks tobte. Was die jüdische Geschichte angeht, so drängte mich ein Jugendfreund in Detroit, eine Biographie des Begründers der zionistischen Bewegung Theodor Herzl zu lesen, die mir verstehen half, warum meine Großmutter mütterlicherseits Amerika verlassen hatte und nach Palästina gegangen war.

Meine High-School-Jahre waren auch eine moralische und politische Reifezeit, deren Erkenntnisse und Erfahrungen in mein Leben als Wissenschaftlerin eingingen. Ich war mit einem starken Gemeinschaftssinn nach Kingswood gekommen, größtenteils in den Sommer-Ferienlagern erworben: eifrig freiwillige Arbeit für die Gemeinschaft zu leisten, ein guter Schulkamerad zu sein. Wie war dies in Einklang zu bringen mit meinem starken Wunsch nach Auszeichnung, die besten Noten zu bekommen, die mich ständig dazu zwangen, mit meinen Altersgenossen zu konkurrieren und nicht mit ihnen zusammenzuarbeiten? Auf Empfehlung meines Religionslehrers las ich Ralph Waldo Emersons *Compensation* und fand so eine Sichtweise, die strikte Rangordnungen in Frage stellte. »Der Bauer denkt, Macht und Amt seien eine feine Sache, doch der Präsident hat teuer bezahlt für sein Weißes Haus.« Es gab viele Wege, seinen Beitrag für die Gesellschaft zu leisten, ein jeder war zu respektieren; wichtig war nur, an dem Platz, an den man gestellt wurde, Hervorragendes zu leisten.

Die Rangordnungen, die ich nicht ausstehen konnte, waren diejenigen, die ständig von der Detroiter Bourgeoisie – für mich die jüdische Bourgeoisie, mit der ich auf Parties und in *Country Clubs* zusammenkam – aufgestellt wurden. Von meinem einsamen Sockel zog ich über ihren Materialismus her, ihre ständige Einteilung nach Kleidung, Autos (ich weigerte mich, Autofahren zu lernen) und Geld. Ich verurteilte dick aufgetragenes Puder-Make-up und Schönheitsoperationen der Nase ebenso heftig wie ein Renaissancetraktat die Scheinheiligkeit und Dissimulation an einem Fürstenhof.

Optionen gab es freilich schon. Ich lernte einige der wirklich gescheiten Schüler an der – fast ausschließlich von jüdischen Schülern besuchten – *Central High School* kennen und einige der jungen Leute im Umkreis eines linken jüdischen Lehrers an der *Wayne University*. Zu Hause wählte mein Vater gewöhnlich die Demokraten und abonnierte *PM*, während ich die liberalen Schriften von Max Lerner und I. F. Stone verschlang. Im Winter meines letzten Jahres am *Kingswood College* fand in meiner Klasse eine scherzhafte Präsidentenwahl statt, und meine beste Freundin und ich waren die beiden Demokraten gegen 41 Republikaner. Im letzten Moment sprang ich ab und stimmte für den Sozialisten Norman Thomas. In jenem Frühjahr und Sommer waren wir alle auf den Straßen von Detroit, feierten das Ende des Krieges erst in Europa, dann im Pazifik und staunten über die pilzförmige Wolke, die plötzlich in unser Leben eingedrungen war.

Smith College war in den ersten Jahren nach dem zweiten Weltkrieg ein belebender Ort. Junge Frauen aus allen Teilen der Vereinigten Staaten und aus dem Ausland kamen dorthin, ein beträchtlicher Teil mit einem Stipendium. Juden waren eine Minderheit – vielleicht zehn Prozent der Erstsemester –, aber immer noch zahlreicher als in Kingswood, und zum ersten Mal gab es einige farbige Frauen in meinem Bekanntenkreis. Wir, der Jahrgang 1949, waren Aktivistinnen, beschäftigten uns mit dem Wiederaufbau Europas, unterstützten die gerade gegründeten Vereinten Nationen und einen dauerhaften Frieden im Angesicht der Atombombe. Selbst als wir unter dem Eindruck der Ereignisse politisch verschiedene Wege gingen – die Anfänge des Kalten Kriegs, die Errichtung des kommunistischen Regimes in der Tschechoslowakei, das HUAC [*House Comittee on Un-American Activities*] und die *Hollywood Ten* –, war die Hoffnung auf die Zukunft nicht ausgelöscht, und die Freundschaften blieben erhalten. Die Stimmung unterschied sich stark von dem Schweigen, das sich nur ein Jahr nach unserem Hochschulabschluß ausbreitete, mit dem Beginn des Koreakrieges und der Intensivierung der *Red Hunt*, der Kommunistenjagd. Meinen psychologischen und intellektuellen Haushalt hatte ich von meinen High-School-Tagen mitgenommen, doch mit einigen strukturellen Unterschieden. Ich wollte immer noch Teil des Zentrums der Gemeinschaft sein und zugleich ihre Kritikerin, doch nunmehr entsprang meine kritischen Haltung daraus, daß ich mich selbst als Teil einer geistigen Elite sah, samt einer weiterentwickelten politisch-moralischen Weltsicht. Manchmal, wenn ich Lieder für die jährlichen *Rally Day Shows* (den Karneval am *Smith College*) schrieb, konnte ich beides gleichzeitig tun. Ich fühlte mich immer noch zwei Welten zugehörig, eine Spannung, die aber nun nicht mehr durch mein Judentum, sondern durch meine Zugehörigkeit zur politischen Linken verursacht wurde.

Der marxistische Sozialismus war eine Offenbarung für mich, als ich in meinem ersten Studienjahr davon hörte, und zwar von Judy Mogil, die gerade frisch von der *Music and Art High School* gekommen war, mit der ganzen intellektuellen Raffinesse von New York City. Das war eine Lösung, um dem erbitterten Wettbewerb, der den einen gegen den anderen stellte, eine Nation gegen die andere, ein Ende zu bereiten. Hier war ein Weg, den kruden Materialismus abzuschaffen und den Menschen zu ermöglichen, in ihrer jeweiligen Tätigkeit Erfüllung zu finden. Ich stellte mir eine Zukunft vor, in der veränderte gesellschaftliche Strukturen das menschliche Verhalten wirklich verwandeln würden: »Jeder nach seinen Fähigkeiten, jedem nach seinen Bedürfnissen« (heute würden wir sagen: seinen oder ihren Bedürfnissen) schien ein besserer Slogan zu sein als Emersons Kompensationsargument. So war ich nicht nur im Studentengericht des College tätig, sondern trat in Organisationen ein wie die *American Youth for Democracy*, die *Young Progressives* oder die marxistische Diskussionsgruppe, die am *Smith College* nicht gerade Massenbewegungen waren. »Sie sind gerade die Art von Person, die sie einsperren würden«, sagte einer meiner Professoren zu mir, der mit den stalinistischen Lagern gegen meine Aktivitäten argumentierte. Er hatte natürlich recht, ich wäre im Gefängnis gelandet, wenn ich in der Sowjetunion gelebt hätte, aber Rußland war damals weit weg und für mich ein unwichtiges Beispiel. Amerika war näher, und im Rahmen meines utopischen Idealismus arbeitete ich mit meinen Genoss[inn]en über konkrete Themen – Rassismus, Gewerkschaftsrechte und Redefreiheit.

Das Reich der Freiheit indessen – das privilegierte Reich – war für mich mein Studium. Englische, russische und französische Literatur: Ich wohnte in der *Maison française*, und wir sprachen begeistert über André Gide, Albert Camus und Jean-Paul Sartre. Und vor allem war da meine Lehrerin Leona Gabel, die einige Jahre zuvor an der *Bryn Mawr University* promoviert hatte, die *Kommentare* von Papst Pius II. edierte und deren Vorlesungen damals avantgardistische Themen behandelten und durch die Arbeiten der europäischen Emigranten geprägt waren. Im vollen akademischen Habit, bisweilen mit dem Doktorhut auf dem Kopf, erzählte uns Leona Gabel von den wundersamen Bestrebungen der Renaissancephilosophie, von Pico della Mirandolas Bemerkung (die ich für richtig hielt und immer noch halte), »der Mensch« könne auf das Niveau wilder Tiere sinken, sich aber auch auf das Niveau der Engel erheben; von Machiavellis hartgesottener Politik; und von Luthers mutigem Aufruf zu einem anderen Weg. Im Seminar führte sie uns gelassen durch einen Vergleich der turbulenten englischen, französischen und russischen Revolutionen und ihrem *dénouement* in einer Diktatur. Ich begann nun Quellen zu lesen, verfolgte die Französische Revolution Tag für Tag durch *Le Moniteur*, der für mich sogar noch faszinierender erschien als Marcel Prousts *A la recherche du temps perdu*. Für meine Abschlußarbeit befriedigte ich meine politische Loyalität wie mein wissenschaftliches Interesse und wählte den radikalsten Philosophen der Renaissance, den rationalistischen Aristoteliker Pietro Pomponazzi, der die Unsterblichkeit der Seele leugnete und der (interessanterweise für eine intellektuell gespaltene Person wie mich) sich der Verfolgung durch eine Theorie der zwei Wahrheiten zu entziehen trachtete. Das Denken von Karl Marx bot ebenfalls wichtige Wege zur Ordnung der Vergangenheit; sein Ansatz, der in unseren Lehrveranstaltungen ziemlich abwesend war, führte mich sogar zu Giambattista Vicos *Nuova Scienza* mit seiner proto-anthropologischen Sicht der Kultur. Vor meinem Abschluß las ich auch Marc Blochs *L'étrange défaite* [dt. *Die seltsame Niederlage*] und lernte, daß ein Historiker ein Held sein kann.

Angesichts meines Interesses für Frauengeschichte in den letzten fünfundzwanzig Jahren frage ich mich, ob mir in meiner Grundstudiumzeit etwas gefehlt hat, weil in meinen Vorlesungen am *Smith College* von Frauen fast gar nicht die Rede war. Ich erinnere mich nicht, ein solches Gefühl verspürt zu haben, und wenn ich über unsere Einstellung und Situation in jenen Jahren nachdenke, verstehe ich, warum das so war. In meinem Freundeskreis in den späten vierziger Jahren dachten wir, wir hätten die gleichen politischen und intellektuellen Interessen wie die Männer, und jedwede Gruppe intelligenter Männer und Frauen mit den gleichen politischen Wertvorstellungen sähe die Welt genauso. Hätte ich Mary Beards *Women as Force in History* gelesen, als es 1946 erschien, so hätte ich an ihrer Studie geschätzt, wie sie, gestützt auf Jacob Burckhardt und andere, die aktive Rolle von Frauen in der Geschichte und Zivilisation beschrieb, aber es hätte mich gestört, daß sie die Frauen von den Männern trennte, was für mich hieß, die Geschichte aufzusplittern.

Und doch vermittelten uns Leona Gabel und das *Smith College* ein gewisses Verständnis für die Geschlechterdifferenz und gaben uns eine gewisse Basis, die wir brauchten, um später als Intellektuelle und berufstätige Frauen zu bestehen. Mochte die Vorlesung auch von »Menschen« der Renaissance sprechen, sie kam aus dem Mund einer Frau, wurde von Frauenohren gehört und in einem Seminar weiblicher Studenten diskutiert. Frauen konnten offensichtlich darüber entscheiden, was wahr war. Und ich vermute, daß wir die Symbole der Potentialität des »Menschen« nahmen und auf uns übertrugen (und bis zu einem gewissen Grad war dies wohl die Absicht von Miss Gabel). Wir sahen gleichsam unsere weiblichen Körper in Leonardo da Vincis berühmten Kreis eingeschrieben (obschon dies eine unkeusche Körperhaltung für eine Frau war) und fühlten uns als freie Akteure.

Im Sommer 1948, am Ende meines ersten Studienjahres, wurde meine Handlungsfreiheit auf die Probe gestellt, als ich Chandler Davis traf. Ich war zur *Harvard Summer School* gegangen, um Wissenschaftsphilosophie zu studieren, und begegnete Chan bei einer Versammlung der *Students for Wallace* (dem Unterstützungskomitee für den Präsidentschaftskandidaten der *Progressive Party*). Er hatte im Weltkrieg in der Navy gedient und studierte nun im zweiten Jahr des Graduiertensstudiums Mathematik an der Harvard-Universität. Er sah gut aus, war gescheit, ein Linker und mochte intelligente Frauen. Neben Mathematik und Naturwissenschaften interessierte er sich für Musik, Poesie und Science-fiction, und so hatten wir viel Gesprächsstoff. Er war auch der erste radikale Student, den ich traf, der denselben Spaß an dem hatte, was ich als »normale« Aktivitäten ansah, beispielsweise Tennis und Tischtennis. Aber er war kein Jude: seine Vorfahren waren alteingesessene Unitarier in Massachusetts und Quäker in Pennsylvania. Und er war nicht reich: seine Eltern waren Professoren und Schullehrer. Nach drei Wochen machte mir Chandler einen Heiratsantrag; nach sechs Wochen heirateten wir in der Boston City Hall. Ich war neunzehn, Chan gerade zweiundzwanzig Jahre alt geworden.

Unnötig zu betonen: dies war ein Skandal. Chandlers Familie nahm eine jüdische Schwiegertochter mit offenen Armen auf; ihr Haus war ständig voller jüdischer Flüchtlinge und jüdischer Linker. Meine Eltern freilich und insbesondere meine Mutter waren entsetzt, daß ich einen Nichtjuden heiraten wollte. Wir blieben aber in guter Verbindung mit meinem Bruder, der nunmehr selbst in Harvard studierte, und schließlich auch mit meinem Vater, aber meine Mutter akzeptierte erst viele Jahre später meine Heirat oder auch nur meine Rolle als Wissenschaftlerin.

Solche Ereignisse müssen erwähnt werden im wissenschaftlichen Lebenslauf *einer Frau.* Einerseits fing ich mein Graduiertenstudium ohne weibliche Unterstützung an. Selbst Miss Gabel befürchtete, meine Heirat könne die Todesglocke meiner Karriere als Historikerin einläuten, obwohl sie es nie offen aussprach. Ihre Generation war einen anderen Weg gegangen; wie könnte ich jemals eine Wissenschaftlerin und Hochschullehrerin sein, wenn ich inmitten einer Kinderschar hinter meinem Ehemann hertrottete? Auf der anderen Seite hatte ich, schon zu dieser Zeit, einen Ehemann, der wirklich glaubte, daß Frauen eine berufliche Laufbahn einschlagen sollten, und von sich aus bereit war, Hausarbeit und Kindererziehung zu teilen. Wir begannen ein lebenslanges Gespräch über Politik, Geschichte, Wissenschaft und Literatur. Und nun schien es mir, als hätte ich meinen Weg gefunden. Ich hatte geplant, in Geschichte zu promovieren, meine Kenntnisse dann aber in der Produktion von Dokumentarfilmen anzuwenden. Da Chan eine Hochschulkarriere einschlug, dachte ich, »Ok, dann werde ich Professor«.

Mein Graduiertenstudium in Harvard und anschließend an der Universität von Michigan brachte eine Veränderung meines historischen Arbeitsfeldes von der Ideen- zur Sozialgeschichte mit sich. Die erste wissenschaftliche Zeitschrift, die ich abonnierte, war das *Journal of the History of Ideas*; doch als ich jetzt eine Seminararbeit bei Myron Gilmore über den französischen Gelehrten Guillaume Budé schrieb, verknüpfte ich seine Gedanken über Philologie, Politik und Erziehung mit der gesellschaftlichen Stellung des Humanisten und seinem Plädoyer für Patronage, die Gelehrten wie ihm zugute kommen sollte. Dann entdeckte ich plötzlich, daß Gelehrte, Fürsten und Prediger nicht die einzigen Gegenstände der Geschichte waren. Ich hatte gerade Marc Blochs *La société féodale* [dt. *Die Feudalgesellschaft*] gelesen und war so schon innerlich bereit, als W. K. Jordan mich drängte, über Ketts Aufstand im Norfolk des sechzehnten Jahrhunderts zu forschen. Und es gab das »Volk« und »Klassenkampf« in den Bergen von Büchern, die mir Chan aus der *Widener Library* nach Hause tragen half. Noch keine Archive also, aber Exzerpte aus Archiven, Familiendokumente und Zunftbücher. In ihnen gab es die Handwerker und Bauernfamilien, die in religiöse und politische Aktionen verwickelt waren und versuchten, ihre Lebensbedingungen zu ändern. Ich hing an der Angel. Im nächsten Jahr in Ann Arbor schrieb ich eine Seminararbeit über Christine de Pizan als erste Berufsschriftstellerin Europas (ein Projekt, das ich meinem Seminarlehrer Palmer Throop zugute halten muß), doch ihr Leben bei Hof erhob sie weit über jene sozialen Klassen, auf die ich mich konzentrieren wollte. In den Schriften Henri Hausers der 1890er Jahre stieß ich auf den unruhigen *menu peuple* von Lyon im sechzehnten Jahrhundert, seine Kornunruhen, die Streiks der Buchdrucker und den protestantischen Aufstand von 1562, mit dem die Stadt am Zusammenfluß von Rhône und Saône in ein »neues Jerusalem« verwandelt werden sollte. Das war mein Promotionsthema. Lyon hatte alles, was ich brauchte. Hier konnte ich den Gedanken von Marx über die Religion als Überbau, der materielle Interessen widerspiegele, ebenso testen wie Max Webers These, der Protestantismus habe den Geist des Kapitalismus gefördert. Und das sechzehnte Jahrhundert reizte mich ganz allgemein, weil ich es als den Geburtsort unserer modernen Krankheiten und Abenteuer sah: erbitterter Wettbewerb und kapitalistische Gier, doch auch Hoffnung auf Wandel und Keime der Demokratie.

Im Frühjahr 1952 ging ich für sechs Monate nach Lyon, um dort zu forschen. Frankreich war auf den ersten Blick ein Märchenland, dessen Schönheit ich mir nie und nimmer hatte vorstellen können, als ich einige Jahre zuvor in der *Maison française* nach Worten suchte. Die fruchtbaren, so deutlich abgegrenzten Felder, Pappeln als Begrenzung am Horizont, Häuser mit alten Dächern, die sich in Dörfern drängten, überall Blumen – vor den Häusern, auf Mauern und Fenstersimsen, auf Kaminen. Das Essen, so sorgfältig und reizvoll zubereitet, köstlich selbst im kleinsten Landgasthaus – selbst noch gut, so schien es uns, in den Studentenrestaurants, in denen wir aßen. Das politische Leben, das ganz anders war als die Verdächtigungen und der Druck im Amerika des Kalten Krieges zur McCarthy-Zeit. Kaum angekommen in Lyon, durchstreifte ich die Stadt auf der Suche nach einem Denkmal für Marc Bloch und fand nur auf der Place Bellecour eine allgemeine Gedenktafel für die *fusillés*. Unsere linken Freunde aller Schattierungen – Katholiken, Kommunisten, Sozialisten – erzählten uns Geschichten und sangen für uns Lieder der *Résistance*; sie akzeptierten Chan und mich als amerikanische Verbündete, die anders waren als die »Yankees«, gegen die überall auf den Wänden feindselige Slogans standen. Bisweilen roch ich den üblen Geruch des Antisemitismus – »Nennen Sie sich nicht *Juive*, sagen Sie *Israëlite*« –, aber insgesamt gesehen fühlte ich mich wie zu Hause. Ich sah sogar aus wie alle anderen, eine kleine mediterrane Person. Erst in den achtziger Jahren, während des Prozesses gegen Klaus Barbie, als ich Photos meiner geliebten Place Bellecour mit Hakenkreuzen geschmückt sah, wurde mir klar, wie sehr ich bei jenem ersten Aufenthalt die gefährliche Seite Frankreichs vor mir verborgen gehalten hatte.

Eine Liebesaffäre ging ohne Komplikationen weiter bis heute: die Liebe zum Archiv. Meine ersten Tage unter dem gedämpften Licht der Lampen im Stadtarchiv waren ein traumatisches Erlebnis. Ich hatte meine Vorarbeiten, die Quellensuche in Inventaren, ordentlich erledigt und alle meine Signaturen beisammen, aber meine Lehrer hatte mich nicht davor gewarnt, wie schwierig die Handschrift von Notaren des sechzehnten Jahrhunderts zu lesen ist. Sie selbst hatten solche Materialien nie benutzt. David Pinkey hat uns daran erinnert, daß vor dem Zweiten Weltkrieg die meisten amerikanischen Historiker Frankreichs mit gedruckten Quellen gearbeitet haben. John Mundy, der unmittelbar nach dem Krieg die Archive in Toulouse sichtete, gehörte zu einer neuen Generation von Forschern, wie ich einige Jahre später. Auch die Lyoner war ziemlich überrascht, als ich bei ihnen auftauchte. »Warum arbeiten Sie nicht über Ihre eigene Geschichte?« fragten sie. Unterdessen war mir ein freundlicher Archivar mit einer Einführung in die Handschriftenkunde des sechzehnten Jahrhunderts behilflich gewesen, und ich begann, ein quantitatives sozialhistorisches Portrait der Protestanten in Lyon zusammenzutragen: ihre Berufe, Stadtviertel und Steuerleistung, ihr sozialer Status – eine Untersuchung, die ich nie zuvor durchgeführt gesehen hatte. Wenn meine Augen Erholung brauchten, wechselte ich in die *Réserve* und suchte nach »qualitativen« Quellenzeugnissen (wie wir sie nannten): gedruckte Pamphlete, kurze Schauspiele, Predigten und Polemiken in Verbindung mit den protestantischen und katholischen Bewegungen in der Stadt. Als die Zeit kam, meine Hunderte von Karteikarten zusammenzupacken, wurde mir klar, daß ich eine mächtige Gedächtnisverbindung mit den Lyoner Archiven hatte, etwas, was ich viele Male wieder erlebt habe, wenn ich in lokalen Archiven gearbeitet hatte. Der Raum selbst verschmolz in der Erinnerung mit den Spuren der Vergangenheit, die ich erforschte: der Geruch des alten Holzes, die Gestalt der Fenster, die Geräusche von den kopfsteingepflasterten Straßen und einem vorbeifließenden Wasserlauf. Der Raum war eine Schwelle, auf der ich Papieren begegnen würde, die einst von den Menschen der Vergangenheit in den Händen gehalten und beschrieben worden sind. Der Raum war wie Alices Spiegel, wie Narnias Kleiderschrank oder – in der Metapher der Huronen – das geheimnisvolle Loch unter den Wurzeln eines Baums, durch das man für eine Zeit in eine andere Welt fällt.

Zurück in Ann Arbor wurde mein wissenschaftlicher Lebenslauf in zweierlei Hinsicht entscheidend verändert. Erstens kamen zwei FBI-Agenten in unsere kleine Wohnung und beschlagnahmten unsere amerikanischen Pässe. Zweitens war ich schwanger.

Obwohl wir mittlerweile relativ unabhängig von irgendwelchen Organisationen agierten, waren mein Mann und ich weiterhin politisch sehr aktiv, insbesondere bei Protesten gegen die Verletzung der akademischen Freiheit und der bürgerlichen Freiheiten. Bevor ich nach Frankreich ging, hatte ich alle Recherchen für eine Streitschrift erledigt, deren Autorin ich zum großen Teil war: *Operation Mind* griff die nicht verfassungsgemäßen Aktivitäten des Komitees für unamerikanische Umtriebe an. Das Pamphlet wurde anonym veröffentlicht vom *University of Michigan Council for the Arts, Sciences and Professions*, doch als Schatzmeister dieser in Auflösung befindlichen Gruppe hatte Chandler den Scheck für den Drucker unterschrieben, der diese Information an den FBI weitergab. Dieses Pamphlet war der hauptsächliche Anlaß für die Beschuldigung, wir seien Kommunisten, und für die Beschlagnahmung unserer Pässe. Es sollte eine Rolle bei Chandlers Verhör vor dem HUAC im Frühjahr 1954 spielen. (Der Sexismus der Mitglieder dieses Komitees für unamerikanische Umtriebe wirkte sich hier zu meinen Gunsten aus: wie die Gesetzgeber und Gerichte im frühneuzeitlichen Europa nahmen sie an, daß bei einer gemeinsamen Aktion eines verheirateten Paares allein der Mann verantwortlich war.) Chandler hatte in seiner Zeugenaussage nur den ersten Zusatzartikel zur Verfassung für sich in Anspruch genommen und bestritt dem Komitee das Recht, die verfassungsmäßige Rede- und Meinungsfreiheit einzuschränken. Die nun folgende Geschichte dauerte sechs Jahre: er wurde aus seiner Stellung als *Assistant Professor* an der *University of Michigan* entlassen, wegen Mißachtung des Kongresses angeklagt, von amerikanischen Universitätsverwaltungen auf die schwarze Liste gesetzt, obgleich ihn seine Mathematikerkollegen sehr unterstützten (der *Columbia University* und der *New School* muß man zugute halten, daß sie ihm Zeitstellen gaben), der *Supreme Court* weigerte sich, seine Akten anzufordern [für eine letztgerichtliche Entscheidung], schließlich mußte er im Jahr 1960 eine sechsmonatige Gefängnisstrafe im Gefängnis von

Danbury verbüßen. (Ein früherer Vorsitzender des HUAC, J. Parnell Thomas, hatte vorher in Danbury gesessen, weil er sein Gehalt mit Schmiergeldern aufgebessert hatte.)

Für meine wissenschaftliche Arbeit war das schwierigste in jener Zeit die Einbehaltung meines Passes. Ich war verzweifelt, von den Archiven in Frankreich abgeschnitten zu sein, in denen, wie ich dachte, alle meine Antworten lagen. Das erwies sich schließlich, wenn auch nicht gerade »im nachhinein als ein Segen«, so doch zumindest als ein Ereignis, das mich dazu zwang, einen neuen Weg zu finden. Da wir damals in der New Yorker Gegend lebten, hatte ich Zugang zu mehreren großen Sammlungen von seltenen Büchern: zur *New York Public Library*, der *Pierpont Morgan*, der Bibliothek der *Columbia University* und jener der *Graduate Theology Union*. Ich studierte jedes erreichbare Buch, das im sechzehnten Jahrhundert in Lyon gedruckt worden war. Ich suchte jetzt nicht nur nach protestantischen und katholischen Streit- oder Lehrschriften, sondern nach allem, was ich aus dem Gegenstand, den ich in meinen Händen hielt, lernen konnte: aus seinem Einband, der Widmung und dem Titelblatt bis zum Kolophon und den Marginalia. Ohne vorher gefaßte Absicht hatte ich begonnen, über die Buchgeschichte und darüber nachzudenken, wie ich sie für die Sozialgeschichte fruchtbar machen konnte. Die Ergebnisse waren für meine Dissertation sehr wichtig: beispielsweise konnte ich nun sehen, wie Drucker evangelische Propaganda verbargen und verpackten, um sie an Zensoren und Inquisitoren vorbeizuschleusen. Überrascht von den Gedichten und Widmungen, die ich in Lehrbüchern der kaufmännischen Arithmetik fand, veröffentlichte ich Aufsätze über Ehre und Schande im Geschäftsleben des sechzehnten Jahrhunderts. So entwickelte sich für mich gleichsam zufällig ein lebenslanger Forschungsstil, bei dem ich Archivforschung mit dem Studium gedruckter Texte verschiedenster Genres kombiniere, eine ganz besonders wichtige Veränderung, wenn man den *menu peuple* und die »Volkskultur« verstehen will.

In den fünfziger Jahren bekamen wir auch unsere drei Kinder. Die Freuden der Geburt und der Kindererziehung übertrafen bei weitem den politischen Ärger, den wir in dieser Zeit hatten. »Wie haben Sie es geschafft, Kinder zu haben und gleichzeitig wissenschaftlich zu arbeiten?« fragen mich manchmal meine Studentinnen, wenn sie ihre eigene Zukunft planen. Ich wundere mich selbst darüber, wenn ich sehe, wie sehr unsere Kinder heute mit ihren Kleinen beschäftigt sind. Der Schlüssel – neben der Arbeitsteilung mit Chandler – lag darin, die beiden Lebensbereiche in Denken und Handeln eng miteinander zu verknüpfen. Ich wurde sehr geschickt im unmittelbaren Wechsel vom Sandkasten zum Leseraum, vom Lesen eines kalvinistischen Traktats zum Vorlesen aus *Pat the Bunny*. Manchmal saß ich mit einem Kind auf den Knien an der Schreibmaschine. Unterbrechung wurde zu einer Lebensweise, ein gutes Training für meine späteren Jahre als Professorin. Kinder zu haben, half mir auch als Historikerin. Es machte mich menschenfreundlicher, belehrte mich über Psychologie und menschliche Beziehungen und gab abstrakten Wörtern wie »materielle Bedürfnisse« und »der Körper« faßbaren Inhalt; es machte die Macht der Familie sichtbar, die zu jener Zeit selten von Historikern behandelt wurde.

1959 sandte ich meine Dissertation »Protestantism and the Printing Workers of Lyon« an meine Jury an der *University of Michigan*. Sie war zwar in relativer Entfernung von akademischen Gemeinschaften entstanden, aber das gab mir größere Freiheit, meine eigene Sicht zu entwickeln. Reformationsgeschichte wurde in den fünfziger Jahren immer noch hauptsächlich als konfessionelle Geschichtsschreibung betrieben: evangelische Historiker schrieben über den Protestantismus, Katholiken über den Katholizismus. Obgleich wissenschaftliche Arbeiten und bisweilen sogar äußerst lebendig geschrieben (ich denke an Roland Baintons Lutherbiographie *Here I Stand*), erzählten sie die Geschichte doch von einem bestimmten Standpunkt aus. Wurden sozioökonomische Gründe genannt, so waren sie sehr eng gefaßt: Ressentiments gegen den Reichtum oder die Wirtschaftslehren der katholischen Kirche statt der viel komplexeren Verbindungen, die lange vorher von Ernst Troeltsch und Max Weber vorgeschlagen worden waren. Der Streit der Lehrmeinungen stand im Mittelpunkt, wurde aber gewöhnlich als eine Debatte über Lehrautorität zwischen Theologen behandelt statt als eine Auseinandersetzung über Ideen mit sozialer und psychologischer Bedeutung in den Köpfen von Christen.

In meiner Doktorarbeit ging ich einen anderen Weg. Ich war Jüdin und hatte keine konfessionellen Bindungen zu verteidigen. In einem weitgefaßteren Sinn stand ich vielleicht auf Seiten »des Volkes« und der »fortschrittlichen Bewegungen«, die Lese- und Schreibkenntnisse förderten; aber die reformierte Kirche mit ihren hierarchischen Vorbehalten gegenüber den mündigen Christen konnte nicht einfach der Held meiner Geschichte sein. Mein soziales und berufliches Portrait der männlichen Protestanten zeigte, daß sie aus allen Ständen Lyons kamen und daß wirtschaftliche Gegner, wie im streikgeplagten Druckergewerbe, auf religiösem Gebiet Verbündete waren. Hinsichtlich ihres beruflichen Hintergrunds bildeten die Protestanten indessen eine besondere Gruppe: sie kamen vor allem aus den neu angesiedelten Gewerben in Lyon, die mit komplexeren technischen Verfahren arbeiteten und einen höheren Anteil von Lese- und Schreibkundigen hatten. Die soziale Dimension der Reformation schien mir also nicht um die Achse ökonomischer Klassen organisiert zu sein, die Scheidelinie war emotionaler und spiritueller Natur: Laien gegen Klerus, ein zentraler Streitpunkt in allen religiösen Kontroversschriften. Den Reiz der neuen Lehre für die städtischen evangelischen Laien galt es in ihren zentralen Aussagen zu suchen, Rechtfertigung durch den Glauben und Wahrheit durch die Schrift allein. Buchdrucker mit ihrem Vertrauen in den Text und ihrer Rolle als Verbreiter von Gottes Wort fanden eine Welt sehr plausibel, in der die Intervention eines Priesters unnötig war und sie sich Gott unmittelbar mit ihrem Glauben nähern konnten.

Obgleich ich diese Ergebnisse heute anders formulieren würde, gibt es doch einige Dinge, die ich an der hinter ihnen stehenden Forschungsarbeit immer noch mag. Ich mag den Gedanken, daß sich eine Gesellschaft entlang mehrerer Achsen organisiert und bewegt, der sich von meinem früheren zweidimensionalen marxistischen Modell unterschied. Ich mag auch den Gedanken, daß eine Idee gleichzeitig in verschiedenen Sektoren wirksam ist und eine Bedeutung hat, im sozialen, kulturellen, psychologischen Bereich. Ich halte es für richtig, darauf zu bestehen, daß unsere eigene Interpretation irgendwie im Einklang sein sollte mit dem, was unsere historischen Subjekte wirklich geäußert haben in der Vergangenheit: obgleich wir aus ihrer eigenen Selbstbeschreibung mehr herauslesen möchten, als sie sagen, müssen wir uns doch immer mit dem abfinden, was sie uns mitteilen.

In den sechziger Jahren trieb ich meinen sozialhistorischen Ansatz so weit wie möglich voran. Ich war 30 Jahre alt, ich war Dr. Davis, unsere Kinder wurden eingeschult – und nach einer neuen Entscheidung des *Supreme Court* erhielt ich meinen Paß zurück! Ich unternahm eine Reihe kürzerer Forschungsreisen nach Lyon und Genf, wo ich meine archivalische Basis über Stadt- und Religionsgeschichte sehr stark ausbaute: Konsistoriumsakten, Testamente, Eheverträge, Prozeßakten, Spitalbücher und Listen der Armenpflege u.a.m. Ich habe immer noch nicht alles ausgewertet, was ich bei dieser gierigen Suche gefunden habe.

Zu meinem Entzücken fing ich auch an, Geschichte zu lehren. Vorher hatte ich nur einmal vor einer Klasse gestanden: ich hatte 1956 ein Quartal lang Geschichte im Abendunterricht an der *Columbia University's School of General Studies* gegeben – eine echte Feuertaufe.

Rosalie Cole vom Seminar für englische Literatur in Barnard lud mich am Abend vor meinem ersten Kurs zum Essen ein und half mir, mich daran zu erinnern, daß ich sowohl Wissenschaftlerin wie Mutter war. Bald darauf folgte ich Chandler nach Providence, der dort Mitherausgeber der *Mathematical Reviews* wurde, und lehrte kurz an der *Brown University*. Dann kam nach Chans verbüßter Haftstrafe ein wirklicher Durchbruch: ihm wurde ein Lehrstuhl an der Universität Toronto angeboten, und wir zogen 1962 nach Kanada. Zufällig bekam auch ich eine Stelle an der Universität Toronto, erst im Seminar für politische Ökonomie, 1968 dann im *Department of History*. So begann meine 38jährige Lehrtätigkeit, eine, wie wir alle wissen, wesentliche Praxis im Leben eines Wissenschaftlers. Ich habe stets geglaubt, von meinen Studentinnen und Studenten mindestens ebenso viel empfangen zu haben, wie ich ihnen gegeben habe.

Nach meinen Jahren der Isolation brachte Toronto auch die Erfahrung mit sich, zu einer wissenschaftlichen Gemeinschaft zu gehören, oder in meinem Fall zu mehreren. Da waren die Wirtschaftshistoriker, meine Kollegen im Seminar für politische Ökonomie; meine Kollegen in vielen *Departments*, die über die Renaissance und die Reformation arbeiteten; und schließlich meine jüngeren Historikerkollegen, nämlich Jill Conway und jene Spezialisten für europäische Geschichte, die sich gerade der Sozial- und der quantitativen Geschichte zugewandt hatten. Wenn ich an diese Verbindungen zurückdenke, wird mir klar, wie wichtig Diskussionszusammenhänge für die Beeinflussung der eigenen Forschungsrichtung sein können. Unsere Forschungsgegenstände entsprangen aus langfristigen oder kurzfristigen Themen innerhalb unserer eigenen Arbeit und aus allgemeinen Problemen, die Politik und Kultur unserer Zeit durchzogen; doch sie entstanden auch in den Gesprächen, die wir mündlich oder schriftlich mit den Gruppen führten, denen wir angehörten. So nahm einer meiner wichtigsten Aufsätze der sechziger Jahre, »Poor Relief, Humanism, and Heresy« [dt. »Armenpflege, Humanismus und Ketzerei«], meine Bemühungen wieder auf, auf der Grundlage der Lyoner Quellen die Auffassungen von Marx und Weber kritisch zu überdenken – in diesem Fall, ob der Protestantismus der alleinige Schöpfer neuer Formen der Armenpflege war –, aber es war kein Zufall, daß ich zu diesem Material in dem Jahrzehnt des heiß diskutierten amerikanischen »Kriegs gegen die Armut« zurückkehrte. Zudem war die Argumentation des Essays – die kaufmännische Wertvorstellungen, Glaubensvorstellungen und Sensibilität christlicher Humanisten wie protestantische Überzeugungen als Quellen für die Reform der Armenpflege zusammenführte – auch eine

Antwort auf die Diskussionen mit Kollegen, die Wirtschaftsgeschichte lehrten, und mit meinem Freund Jim McConica, einem Basilianer-Novizen und Spezialisten für Humanismus und Politik im frühneuzeitlichen England.

Das beste Beispiel meines Festhaltens an der klassischen Sozialgeschichte war ein Essay aus dem Jahr 1966,»A Trade Union in Sixteenth-Century France«. Ich hatte im Genfer Staatsarchiv die Akten eines Prozesses gefunden, die früheste uns erhaltene Beschreibung der inneren Funktionsweise, Bräuche und Strategien einer europäischen Gesellengilde, der *compagnonnage* der Druckergesellen von Lyon. Ich analysierte die Wertvorstellungen der Gesellen auf Grund ihrer Herkunft und der Arbeit, die sie in der Werkstatt verrichteten; ich beschrieb ihre Aufnahmerituale und Strafformen als nützlich für ihren Zusammenhalt in einer geheimen und illegalen Organisation; ich verwies auf den Erfolg der Gesellen, ihre Löhne relativ hoch zu halten, als ein Beispiel dafür, was der *menu peuple* bewirken konnte. Das einzige Anzeichen von Unbehagen gegenüber dem evolutionären Ansatz in der avanciertesten Sozialgeschichte jener Zeit (ich denke zum Beispiel an Eric Hobsbawms *Primitive Rebels* [dt. *Sozialrebellen*]) findet sich in meinem letzten Absatz:

»Die Suche nach Familiensinn und Brüderlichkeit [die in der Gesellengilde zu finden waren] wird oft als eine Suche nach Überbleibseln der vorkapitalistischen Vergangenheit bewertet. Ich denke, wir sollten sie eher als ständiges schöpferisches Moment in Gesellschaften sehen, in denen unpersönliche, vertragliche Beziehungen vorherrschend zu werden drohen. Wir können jenes Gefühl nicht auf die Vergangenheit beschränken, das die Gesellen sagen ließ, sie»schufteten nicht als Sklaven, sondern als freie Männer, die freiwillig in einem so großartigen und edlen Beruf arbeiteten« [dt. in»Streiks und Erlösung«, S.19].

»A Trade Union« erschien in England in der *Economic History Review*, nicht in Frankreich. Zu jener Zeit beschäftigten sich die großen Untersuchungen der *Annales*-Schule mit Regional- oder ländlicher Geschichte, nicht mit der städtischen Arbeitswelt oder Religionsgeschichte. Was die *compagnonnage* und ihre Bräuche angeht, so schmeckten sie noch zu sehr nach der Brauchtumspflege und der rechten Volkstümelei des Vichy-Regimes. Ich las Pierre Gouberts *Beauvais et le Beauvaisis* und Emmanuel Le Roy Laduries *Les paysans du Languedoc* [dt. *Die Bauern des Languedoc*] und sogar Michel Foucaults *Histoire de la folie* [dt. *Wahnsinn und Gesellschaft*] mit meinen Studenten im Hauptstudium und brachte Goubert und Le Roy Ladurie zu Vorträgen auf unseren Campus. Doch trotz der beeindruckenden Entdeckungen dieser *histoire totale*, insbesondere auf dem Gebiet der historischen Demographie, der Mobilitätsforschung und der materiellen Kultur, konnte diese nicht als Modell für das dienen, was ich tun wollte. Ich wandte mich in meiner historischen Forschung jetzt der Anthropologie und den Frauen in der Geschichte zu, und dabei mußte ich andere Wege einschlagen.

Die späten sechziger und die Anfänge der siebziger Jahre waren eine turbulente Zeit, sowohl in Berkeley, wo ich 1968 zwei Quartale als Gastprofessorin lehrte, wie in Toronto, wo die Inhalte politischer Protestaktionen von Tageskrippen bis zum Vietnamkrieg reichten. Dies gehörte mit Sicherheit zum Hintergrund meiner Zuwendung zu Festen, Politik und dem Karnevalesken. Doch was mich 1969, als ich anfing, »The Reasons of Misrule« [dt. »Die Narrenherrschaft«] zu schreiben, am meisten beschäftigte, war ein Komplex von Bräuchen und Vereinigungen im Lyon des sechzehnten Jahrhunderts, deren Bedeutung ich mit meinem herkömmlichen sozialhistorischen Rüstzeug nicht freilegen konnte: die Charivaris [Katzenmusiken] und die Abteien der »Mißherrschaft«. Ich mochte sie nicht als für Historiker unwichtige, frivole Spielereien abtun oder als Ventil für das Volk, bei dem es aufgestaute Wut ablassen konnte. Aber *was* ging da nun wirklich vor sich?

Irgendwie (vielleicht auf den Rat eines Freundes im Anthropologischen Seminar in Toronto) fand ich meinen Weg zu mehreren Bänden in der anthropologischen Abteilung der Universitätsbibliothek von Toronto: Arnold Van Genneps *Manuel de folklore français*, das nach den Stadien des Lebenszyklus, den Jahreszeiten und dem zeremoniellen Jahresablauf gegliedert war. Darin erfuhr ich von Organisationen von Jugendlichen auf dem Land und ihren lärmenden Umzügen in Masken, in Verbindung mit Heiraten, in Frankreich und in ganz Europa. Mein Essay benutzte nur historische Quellen und – im Gegensatz zum statischen, unwandelbaren Bild des zeremoniellen und Brauchtumslebens bei Van Gennep – erläuterte die veränderte Rolle der Mißherrschafts-Abteien und des Brauchs der Katzenmusiken bei Heiratskontrolle und politischen Protestaktionen. Das Festtagsleben konnte, wie Michail Bachtin in seinem gerade übersetzten *Rabelais* [dt. *Rabelais und seine Welt*] eine zeitweise Umkehrung des Alltags sein, eine Art und Weise, etwas anderes zu imaginieren. Dieser befreiende Akt konnte die grundlegenden Normen der Gemeinschaft festigen, aber manchmal auch ein Versuch sein, sie zu verändern.

Im nächsten Jahrzehnt las ich umfassend anthropologische und volkskundliche Literatur: E. E. Evans-Pritchard, Victor Turner, Clifford

Geertz, Sidney Mintz und viele andere. (Gleichzeitig, so wäre anzumerken, benutzte Keith Thomas Bronislaw Malinowski für sein Buch *Religion and the Decline of Magic*, und Peter Brown stand in Verbindung mit Mary Douglas und anderen britischen Ethnologen für seine Pionierstudie des Heiligen in der Spätantike.) Ich las eklektisch, gleichgültig gegenüber Konflikten innerhalb der Anthropologie, denn ich suchte nicht nach Lösungen, sondern nach Fragen, Verfahren und Ansätzen, die nur verwendet werden konnten, wenn sie für die europäischen Quellen des sechzehnten und siebzehnten Jahrhunders sinnvoll waren. Nun konnte ich den sozialen, ökonomischen und religiösen Gruppenbildungen, in denen ich zuvor gedacht hatte, die Kategorie des Alters, der Altersgruppen hinzufügen, einschließlich der Lebenden und der Toten. Ich schrieb über katholische und protestantische Formen der Bestattung und des Totengedenkens als unterschiedliche Weisen für Familien, zwischen den Generationen zu kommunizieren. Nun konnte ich die sozialen und kognitiven Bedeutungen symbolischer und ritueller Verhaltensformen würdigen, die ich zuvor nur als Elemente der Gruppensolidarität gesehen hatte. Ich schrieb über katholische und protestantische Feiertage, Prozessionen und Gebäude als gegensätzliche Weisen, den städtischen Raum zu prägen, dem Jahresablauf einen Rhythmus zu geben und die Gegenwart des Heiligen zu erfahren. Nun konnte ich die des Lesens und Schreibens Unkundigen deutlicher wahrnehmen als in meiner frühen Zeit der Beschäftigung mit den Lyoner Buchdruckern und die Techniken und Talente einer mündlichen Kultur, wie Sprichwörter und Merkverse, ernster nehmen. Ich begann an meiner früheren Festlegung auf einen einzigen »fortschrittlichen« Weg in die Zukunft zu zweifeln und sah nun den katholischen und den protestantischen Weg als alternative Bewegungsformen statt einfach in der Gegenüberstellung von alt und neu, traditionell und innovativ. Kurz, mir wurde klar, daß das sechzehnte und siebzehnte Jahrhundert mehr hervorbrachten als »Modernität«.

Einige der entstandenen Essays erschienen 1975 in einem Buch, das ich *Society and Culture in Early Modern France* [dt. *Humanismus, Narrenherrschaft und die Riten der Gewalt. Gesellschaft und Kultur im frühneuzeitlichen Frankreich*] nannte, ein Titel, der heute vielleicht altmodisch klingt, seinerzeit jedoch recht neu erschien und anthropologische Anklänge hatte. Ich versuchte, am kritischen Impetus meiner früheren sozialgeschichtlichen Forschung festzuhalten. Hatte ich mich ins Abseits geschrieben, fragte ich mich, als ich »The Rites of Violence« [dt. »Die Riten der Gewalt«] fertigstellte? Indem ich zeigte, daß die extremen und abscheulichen Formen von Mord und Schändung, die religiöse

Unruhen im Frankreich des sechzehnten Jahrhunderts begleiteten, nicht einfach Ausdruck des Dämonischen waren, sondern mit rituellen Orten und Zeiten verbunden und die Fortsetzung einer rituellen und festlichen Handlung waren – legitimierte ich sie dadurch? Schien ich nicht zu sagen, alles ist möglich, einschließlich des Holocaust (wie mir einer meiner Studenten vorwarf), solange es für die Teilnehmer dahinter eine logische Grundlage gab? Ich schloß den Essay mit den Worten:

»Aber die Riten der Gewalt sind nicht in irgendeinem *absoluten* Sinne identisch mit dem Recht auf Gewalt. Sie erinnern uns lediglich daran, daß wir, wenn wir Sicherheit und Vertrauen in einer Gemeinschaft zu stärken bemüht sind ... weniger darüber nachdenken sollten, wie man ›Abweichler‹ auf den rechten Weg zurückführt, und mehr darüber, wie man die elementaren Normen des gesellschaftlichen Zusammenlebens zu verändern hätte.« [dt. S. 209]

Ich hielt auch an bestimmten klassischen Elementen der Sozialgeschichte fest. Die soziale und geographische Herkunft von Akteuren blieb weiterhin wichtig. Rationales Interesse konnte manchmal das Verhalten erklären; ein andermal machten »Handlungs-, Denk- und Sprechweisen« – *façons de faire, façons de penser, façons de dire* – mehr Sinn. Konflikt gehörte zum Bild, nicht nur die Gemeinschaft; Widerstand und Opposition galt es ebenso zu untersuchen wie Herrschaft. Die frühesten Essays, die ich über Frauen und die Geschlechter schrieb, zeigen diese Hoffnung, auf einer Form der Geschichte aufzubauen, statt die eine zugunsten einer anderen aufzugeben. »City Women and Religious Change« [dt. »Städtische Frauen und religiöser Wandel«] untersuchte, welche Frauen evangelisch wurden und welchen Reiz die neue Lehre und Liturgie auf sie ausübte; »Women on Top« [dt. »Die aufsässige Frau«] erkundete die vielfältigen Bedeutungen und Einsatzformen der Umkehrung der Geschlechterrollen und der Verkleidung von Männern als Frauen und umgekehrt beim Karneval und bei Festen. In beiden Aufsätzen waren Frauen und Männer die Akteure, aber im zweiten Essay standen die Bedeutungen des Geschlechts in den gesellschaftlichen Repräsentationen im Zentrum.

Die Frauengeschichte war für mich das zweite große Ereignis in den siebziger Jahren. Seit dem Abschluß meiner Seminararbeit über Christine de Pizan im Jahr 1951 hatte ich eine Mappe mit der Aufschrift »Frauen« angelegt, in der ich historische Quellenbelege sammelte: Schwangerschaftskleider des sechzehnten Jahrhunderts, Babynahrung, Entwöhnungszeit der Säuglinge usw. Vor allem aber ließ die Politik diese Mappe zu einem Aktenschrank anwachsen. Bei meinem

Wechsel von einer Stellung zu anderen fand ich mich stets als Teil einer kleinen Minderheit von Frauen in einem *Department* wieder. Bei vielen Sitzungen war ich die einzige Frau unter den Anwesenden und mußte manches Mal die Demütigung erdulden, daß ein älterer Historiker alle anderen als Professor Soundso anredete und mich als Mrs. Davis. Nun war ich zäh und über die Jahre ziemlich abgehärtet als »die einzige Jüdin« und dann als linke Außenseiterin, und ich genoß auch während meines beruflichen Weges Unterstützung. (Ich denke an die Frau eines älteren Professors für Geschichte an der *Brown University*, die selbst promoviert und einiges über englische Geschichte veröffentlicht hatte, aber zu einer Generation gehörte, in der es für verheiratete Frauen fast unmöglich war, eine Hochschullehrerstellung zu erhalten. Eines Tages legte sie mir ihren Doktorentalar um die Schultern, und ich trage ihn in Erinnerung an sie, wo immer ich hingehe.)

All dies lehrte mich, daß es einen großen Unterschied machte, eine Frau zu sein, und daß ich praktisch und intellektuell darauf besser achten sollte. In der Mitte der sechziger Jahre wurde es eine meiner vordringlichsten Aufgaben, an der *University of Toronto* mit Studentinnen im Graduiertenstudium zu arbeiten und ihre Situation zu verbessern. In den frühen siebziger Jahren stand dann die Frauenbewegung in Toronto in voller Blüte und beeinflußte uns alle.

Was die intellektuelle Seite betrifft, so begegnete ich Jill Ker Conway, einer Pionierin der neuen Frauengeschichte in den Vereinigten Staaten, und begann zu erkennen, welche Schätze zu heben waren, wenn man die Rolle der Frauen in der Vergangenheit neu bedenkt. 1971 organisierten Jill und ich die erste Lehrveranstaltung über Frauengeschichte in Kanada: »Society and the Sexes in Early Modern Europe and in America« [Gesellschaft und Geschlechter im frühneuzeitlichen Europa und in Amerika]. Ich begann meinen Teil mit Christine de Pizan und habe seitdem immer wieder über sie gelehrt. Welche Begeisterung herrschte in diesem Jahrzehnt unter den Professorinnen und Studentinnen, wenn wir in Bibliotheken seltener Bücher und Archiven nach Quellen suchten und quer durch Nordamerika Bibliographien und Pläne von Lehrveranstaltungen austauschten (alles mit Schreibmaschinen, Matrizen und Vervielfältigungsapparaten); wenn wir an wissenschaftlichen Tagungen über Frauengeschichte teilnahmen, einige hundert Menschen erwarteten und über 2000 im Auditorium vorfanden! Für mich wie für andere bedeutete dies einen weiteren interdisziplinären Sprung: die Kategorie des Geschlechts ließ sich nicht thematisieren und begrifflich fassen ohne weitere Bereiche, von der Biologie bis zur Literatur. Dies war auch eine historiographische

Erweiterung, denn man gab gleichzeitig den Frauen ihren Platz in der historischen Quellenüberlieferung (das heißt, man fand lediglich heraus, was sie taten), untersuchte die Spannweite der Beziehungen zwischen Männern und Frauen und der Vorstellungen über sie zu verschiedenen Zeiten und an verschiedenen Orten und bewertete schließlich die Bedeutung von Bewegungen wie der Reformation oder der Französischen Revolution neu.

Meine Arbeit in historischer Anthropologie und Frauengeschichte begann in Toronto, entwickelte sich aber erst richtig während meiner sechsjährigen Lehrtätigkeit an der *University of California* in Berkeley. Bis 1971 war mein Aufenthaltsort zumeist durch die Stellen meines Ehemanns bestimmt worden: ich war ihm von Stadt zu Stadt gefolgt und ließ da eine Assistentenstelle und dort einen Lehrauftrag zurück. Ich tat dies gern – mir kam nie in den Sinn, daß berufliche Karrieren anders organisiert werden konnten –, obgleich es einige Augenblicke der Verzweiflung gab, wenn es so aussah, als würde ich nie eine befriedigende Stelle in der Hochschullehre bekommen. Dann, im Jahr 1971, bot mir das *History Department* in Berkeley eine Professorenstelle an. Chandler und ich sprachen darüber und sagten einander:»Laß es uns versuchen.« Unser jüngstes Kind kam in die neunte Klasse, und wir dachten, mit Freisemestern und *Sabbatical Years* würde es uns gelingen, eine Pendlerehe zu führen. Es war eine Herausforderung, und bisweilen schien es, als ob wir mit einem permanenten *Jet lag* lebten, aber wir genossen nichtsdestotrotz die Horizonterweiterung und das Abenteuer der Jahre, in denen ich in Kalifornien wohnte. Die Öffnung des Lebens nach draußen schien mir übereinzustimmen mit der Offenheit für neue Wege, Geschichte zu betreiben, bei meinen Kollegen. Bald hatte ich wieder zwei interdisziplinäre Arbeitszusammenhänge: Kolleginnen, mit denen ich versuchte, ein Programm für Frauenstudien zu begründen, und jüngere Kollegen in Geschichte, Literaturwissenschaft und Kunstgeschichte, die später die Zeitschrift *Representations* gründeten. Ohne daß es mir anfangs bewußt war, bewegte ich mich auch auf eine weitere Metamorphose in meinem Leben als Wissenschaftlerin zu.

Kurz vor dem Ende meiner Jahre in Berkeley zeigte mir eine Studentin ein im sechzehnten Jahrhundert gedrucktes Buch aus der juristischen Bibliothek, dessen Autor der Gerichtsrat Jean de Coras war. Unter dem Titel *Arrest memorable* [Denkwürdiges Urteil] erzählte es die Geschichte eines berühmten Betrugsfalles in einem Pyrenäendorf: ein Mann, der anscheinend drei Jahre lang oder noch länger als Ehemann von der Frau eines anderen Mannes akzeptiert worden war.

Meine erste Reaktion war: »Daraus muß man einen Film machen!« Woher kam diese spontane Regung? War dies nur das unvermittelte Bemühen, das Theatralisch-Romanhafte des Lebens meines Vaters einzufangen, oder ein Widerschein meiner eigenen jugendlichen Hoffnung, eines Tages Dokumentarfilme zu machen?

Ich denke, diese Reaktion entsprang meiner Praxis, der historischen Anthropologie. Die meisten meiner Veröffentlichungen bis dahin hatten Themen oder Motive – wie Katzenmusiken, Trauerrituale, Sprichwörter – über einige Jahrhunderte hinweg verfolgt. Die Archivalien kamen zwar meistenteils aus Lyon, als Zeugnisse und Beispiele wurden jedoch Texte aus ganz Frankreich, manchmal aus ganz Westeuropa herangezogen. Was fehlte, war die genaue ethnographische Feldforschung, bei der der Ethnologe die personellen Interaktionen und die genaue Zeitabfolge der Geschehnisse beobachtete, sehen und hören konnte, wie die Teilnehmer beschrieben, was vor sich ging. Doch meine Subjekte waren seit langem tot, und ich wollte mich nicht an eine Wahrsagerin wenden, um sie zu befragen, wie es einer meiner Professoren an der Universität Michigan viele Jahre vorher getan hatte. Statt dessen lud ich den Regisseur René Allio nach Berkeley ein, um vor den Spezialisten für französische Geschichte und Literatur über seinen Film *Moi, Pierre Rivière* zu berichten, den er gerade auf der Grundlage des Mordgeständnisses eines jungen normannischen Burschen aus dem neunzehnten Jahrhundert gedreht hatte. (Michel Foucault und seine Mitarbeiter hatten diese Quelle erschlossen [dt. *Der Fall Rivière*].) Allio berichtete, wie er monatelang in dem Dorf gelebt hatte, in dem die Ereignisse stattgefunden hatte, daß er Dorfbewohner als Laiendarsteller gewonnen hatte und mit ihnen über die Geschichte und die wöchentlich hergestellten Schnellkopien der gedrehten Szenen diskutierte. Was für eine Gelegenheit, Geschichte auf neue Art zu sehen, dachte ich mir. Die Dorfbewohner waren sowohl Ersatzleute für jene, die hundertvierzig Jahre zuvor die Ereignisse erlebt hatten, und zugleich heutige Kommentatoren. Einen Film zu machen, konnte eine Annäherung an die Erfahrung des Ethnographen bilden.

Drei Jahre später, 1980, arbeitete ich mit dem bekannten Drehbuchautor Jean-Claude Carrière und dem jungen Regisseur Daniel Vigne an dem Drehbuch für *Le Retour de Martin Guerre*. Wir waren uns durch einen glücklichen Zufall genau in der Woche begegnet, in der ich in Paris einen Regisseur für Martin Guerre suchte und sie begonnen hatten, zusammen einen Film über dasselbe Thema zu machen. (Dieses gleichzeitige und unabhängige Interesse an Betrug und Täuschung zeigt, wie Hinweise auf Themen mit brennender kultureller

Resonanz sich über ein weitgespanntes Netz wie von selbst verbreiten.) Die Arbeit am Film bewirkte tatsächlich, ethnographisch zu denken. Sich irgendeine Szene vorzustellen – Dorfbewohner grüßen ankommende Fremde; sie sitzen abends um ein Feuer und reparieren ihre Gerätschaften, plaudern, erzählen Geschichten; sie streiten sich; geben Richtern Antwort –, trieb mich sogleich zu den Quellen zurück, um herauszufinden, was wahrscheinlich und plausibel war. Mit Schauspielern zu sprechen, die Figuren aus dem sechzehnten Jahrhundert zu spielen hatten, brachte Fragen und eine Art von »Belegen« hervor, die historisch gesehen interessant waren. »Ich kann diese Rolle nicht so spielen, als ob Pierre Guerres einzige Sorge das Geld war«, sagte der erfahrene Schauspieler, der Martin Guerres Onkel spielte, den ersten, der den Betrüger denunzierte, nachdem er und die anderen Einwohner des Dorfs ihn anfangs akzeptierten hatten. »Sie haben recht«, antwortete ich und wies auf Stellen im Film hin, an denen Pierre Guerre seine Gedanken über Argwohn und Betrug genereller äußerte. »Ich kann nicht glauben, daß Bertrande de Rols bis zur allerletzten Minute wartete, um sich vor einer Anklage wegen Komplizenschaft in einem Betrugsfall zu retten«, sagte Nathalie Baye, als sie sich darauf vorbereitete, Martin Guerres Ehefrau zu spielen, die erst in dem Augenblick, als der wirkliche Martin Guerre in den Gerichtssaal hinkt, behauptet, sie sei getäuscht worden. »Sie wartete nicht so lange«, antwortete ich; sie erhob zwar Klage gegen den Betrüger, aber sie betrug sich so, daß sie – als eine verwundbare Bäuerin – wahrscheinlich, welche Seite auch gewinnen sollte, mit heiler Haut davonkommen würde. Ich konnte keinen der beiden Schauspieler in den Anmerkungen des Buchs, das ich schrieb, als *Beweis* zitieren, aber ihre Kommentare bestärkten mich in meiner Überzeugung, daß ich mit meiner Interpretation der dörflichen und juristischen Quellen auf dem richtigen Weg war.

Le Retour de Martin Guerre, der 1982 in die Kinos kam, war meiner Meinung nach ein sehr guter Film mit stimmungsvollen und einfühlsamen Bildern des Lebens in einem Pyrenäendorf von Daniel Vigne und einer fruchtbaren Zusammenarbeit zwischen Filmemachern und einer Historikerin. Schon früh wußte ich jedoch, daß ich eine historische Studie über dieses Thema schreiben mußte. Bertrande war für die Leinwand so vereinfacht worden, daß man sie des eigenständigen Handelns und ihrer dramatischen Komplexität beraubt hatte; andere Elemente der Geschichte waren verändert oder weggelassen worden, und insbesondere fand ich bemerkenswerte Dinge in den Quellen, die nicht in einen Film eingebaut oder in ihm nicht genügend hervorgehoben werden konnten. So reich es in bestimmten Ausdrucksmöglichkeiten sein mochte, das kinematographische Medium – immer noch ein junges Medium im Vergleich zur Prosa – schien unfähig, sich auf andere Ausdrucksformen einzustellen, insbesondere in den Grenzen der zwei Stunden eines Spielfilms.

Emmanuel Le Roy Ladurie und Carlo Ginzburg waren durch eine Erweiterung ihrer historischen Prosa dazu gekommen, ihre glänzenden Mikrogeschichten zu schreiben – ersterer 1975 sein *Montaillou, village occitan de 1294 à 1324* [dt. Teilübers. *Montaillou. Ein Dorf vor dem Inquisitor*], letzterer 1976 *Il formaggio e i vermi. Il cosmo di un mugnaio del '500* [dt. *Der Käse und die Würmer*]. Ich kam zur Mikrogeschichte (oder zu dem, was ich Ethnographie nannte) über den Film. In meiner historischen Studie versuchte ich die »wunderbare Geschichte« von Martin Guerre anhand aller denk- und verfügbaren Informationen über das Dorfleben verständlich zu machen. Ich versuchte zu zeigen, daß eine außergewöhnliche Hochstapelei ein Versuch der Identitätsbildung oder, wie Montaigne sagte, der »Selbstbildung« war – sowohl bei den Bauern wie bei den Richtern und anderen reichen Personen von Stand, die zu Tausenden Jean de Coras' Buch lasen. Beeinflußt von der Reflexion über kinematographische Erzähltechniken, beschloß ich, die Prosageschichte zweimal zu erzählen: zunächst in ihrem ursprünglichen Ablauf, wie sie in jedem Stadium im Dorf gesehen worden war, dann in ihrer Nacherzählung durch die Geschichtenerzähler: durch den Richter de Coras, einen jungen Anwalt beim Provinzgericht, durch Montaigne und andere. So hoffte ich den Lesern einige Parallelen aufzuzeigen zwischen dem Bemühen festzustellen, was an der Identität einer Person wahr ist, und dem Bestreben des Historikers herauszufinden, was an der Geschichte wahr ist.

Als der Film 1982 uraufgeführt wurde und das Buch zuerst in Frankreich erschien, war ich schon fast vier Jahre Professorin an der *Princeton University*. Unser Pendelleben war zwischen Princeton und Toronto sehr viel leichter, das Hin und Her zwischen der Kleinstadt und der kosmopolitischen Großstadt war sehr lohnend. So wie Berkeley ein günstiger Ort für meine anthropologischen Interessen in den siebziger Jahren gewesen war, so bildete Princeton in den achtziger Jahren einen günstigen Ort für meine kinematographischen und literarischen Interessen. Princeton war überschaubar und bürgerlich, ein Ort, der zu genauer ethnographischer Beobachtung einlud – und auch dazu, auf Verhaltensstile zu achten. Lawrence Stone leitete das *Shelby Cullom Davis Center for Historical Studies* mit großem intellektuellem Reiz. Carl Schorske hatte ein Programm in *European Cultural Stu-*

dies begründet. Ich hatte hochgeschätzte Kollegen im Historischen Se-
minar und einen intensiven Gedankenaustausch mit Kollegen in der
Anthropologie und insbesondere in den verschiedenen literaturwis-
senschaftlichen Abteilungen. Ein Semester lang leitete ich zusammen
mit Clifford Geertz eine Lehrveranstaltung. Zum dritten Mal in der
dritten Universität gehörte ich zu einer kleinen Gruppe von Hoch-
schullehrerinnen, die dafür kämpften, die Bedingungen »pour le sexe«
(wie Frauen im achtzehnten Jahrhundert genannt wurden) zu verbes-
sern und ein Programm für Frauenstudien einzurichten. Wieder ein-
mal war es sehr ermutigend, Teil des Kampfs für eine solche Sache zu
sein, insbesondere weil wir große Unterstützung durch die Studen-
t[inn]en erhielten und zugleich einen Zusammenhang sahen zwischen
der Präsenz von Studentinnen und Hochschullehrerinnen an der *Prince-
ton University* (die ersten Studentinnen im Grundstudium kamen erst
im Winter 1969 an die Universität) und der allgemeineren Diversifi-
zierung und Demokratisierung der Universität.

Eine Überraschung hielt Princeton jedoch für mich bereit. Bevor
ich dorthin ging, hielt ich Princeton für die »gojimste« [nichtjüdischste]
der *Ivy League*-Universitäten [der Eliteuniversitäten an der Ostküste],
ein Eindruck, den ich 1957 gewonnen hatte, als dies wirklich so war.
Was konnte ich tun *pour épater les goyim*? Diese Frage hatte ich mir zu-
vor in Berkeley gestellt. Vielleicht konnte ich Lehrveranstaltungen in
jüdischer Geschichte anbieten und einige der autobiographischen
Quellen von jüdischen Frauen und Männern verwenden, die ich mit
meinen Student[inn]en in den Seminaren über »Gesellschaft und Ge-
schlechter« erkundet hatte. Als ich dann in Princeton war, wurde mir
klar, daß sich die Lage verändert hatte: es gab nun etwas, was man
einen »Koscheren Speiseclub« nennen konnte (das heißt, einen Raum,
in dem koschere Gerichte serviert wurden), und ein junger Wissen-
schaftler namens Mark Cohen war gerade eingestellt worden, um jüdi-
sche Geschichte zu lehren. Wir bildeten ein Team, zusammen mit
einem anderen Kollegen, für seinen Anteil der Lehre über die frühe
Neuzeit. Ich gestaltete die Lehrveranstaltung entlang der sozialen, kul-
turellen, anthropologischen und geschlechtergeschichtlichen Themen,
und Cohen lieferte die Texte und das so notwendige Spezialwissen.

Diese gemeinsame Lehre war eine Offenbarung. Jüdische Gesell-
schaften waren faszinierend in ihrer Komplexität wie in ihrem Reich-
tum und lieferten auch wertvolle Beispiele für einen Vergleich mit
protestantischen und katholischen Gesellschaften. Meine Kollegen
und ich veröffentlichten die Autobiographie des Rabbi von Venedig
im siebzehnten Jahrhundert, Leone Modena, die Mark Cohen aus

dem Hebräischen übersetzt hatte. Für meinen Essay »Fame and Secrecy« [dt. »Ruhm und Geheimnis«, im vorliegenden Band] suchte ich nach den Quellen der jüdischen Selbstzeugnisse (die es, wie von einigen behauptet wurde, vor der Aufklärung des achtzehnten Jahrhunderts eigentlich nicht gegeben hatte), so wie ich einst nach den Quellen für volkstümliche Familiengeschichten und Autobiographien in Frankreich gesucht hatte. Ich wollte insbesondere Leone Modena einordnen in die europäische Geschichte und zeigen, welchen Unterschied dies für das Nachdenken über die Vergangenheit ausmacht, so wie ich es in meinen Studien über Frauen und Geschlecht versucht hatte. Die Autobiographie des Rabbi war ein jüdischer, aber auch ein europäischer Text. Sie hatte bestimmte Merkmale mit der Lebensgeschichte etwa des gelehrten katholischen Spielers Girolamo Cardano gemeinsam, zeigte aber auch einen besonderen Weg, wie in der frühen Neuzeit die Differenz zwischen innen und außen gelebt werden konnte.

Literatur und Geschichte bildeten auch das Paar, das mich zu meiner wesentlichen Veröffentlichung in den achtziger Jahren führte. Wie im Fall Martin Guerre waren juristische Quellen mein Ausgangspunkt, diesmal Hunderte von Briefen, die um königliche Gnade wegen eines verhängten Todesurteils baten. Ich hatte diese Quellen seit langem für die Sozial- und Religionsgeschichte benutzt und bewunderte, wie französische Wissenschaftler mit ihrer Hilfe Studien über Kriminalität und Gewalt im spätmittelalterlichen und frühneuzeitlichen Frankreich erarbeiteten, die neue Wege öffneten. Doch für mich waren die Gnadengesuche auch Quellen, aus denen sich ablesen ließ, wie Männer aller sozialen Schichten und bisweilen auch Frauen Geschichten erzählten. Diese Geschichten wurden so gestaltet, daß sie den Erfordernissen des Begnadigungsrechts entsprachen und den Ohren des Königs und seiner Beamten schmeichelten. Sie wurden durch die Feder von Kanzleischreibern gefiltert und in einer Schrift niedergeschrieben, die viele der Erzähler gar nicht lesen konnten. Doch sie reflektierten immer noch den literarischen Geschmack und die kulturellen Strategien von Menschen in verschiedenen Milieus, sowohl der Gnade Suchenden wie ihrer Nachbarn, die bestätigen mußten, daß die Bittsteller die Wahrheit sagten, wenn der Gnadenbrief seine Wirkung haben sollte.

Ich gab dem Buch den Titel *Fiction in the Archives* [dt. *Der Kopf in der Schlinge*], worüber Lawrence Stone, dem ich das Buch gewidmet hatte (eine großer Historiker und ein großer Geschichtenerzähler), einigermaßen konsterniert war. In Wirklichkeit bezog sich »fiction« nicht auf

Fälschung, sondern auf das gestaltende Element in allem, was wir tun und denken. Ich befand mich keineswegs auf einem anti-fundamentalistischen Kreuzzug, um die Archive zu diskreditieren, sondern wollte die Gnadenbriefe vielmehr als eine Quelle neuer Erkenntnisse über das sechzehnte Jahrhundert präsentieren: Belege dafür, wie Menschen etwas erzählten, die wir verantwortungsvoll und mit allem handwerklichen Rüstzeug, das uns zur Verfügung stand, interpretieren konnten. Nach der Veröffentlichung des Buchs entdeckte ich – wie bei früheren Projekten –, daß ich nicht allein stand. In den juristischen Fakultäten wurde das Zusammenwirken von Recht und Narration gerade ein brennendes Thema; unter den Historikern begann die »Fiktion im Archiv« überall zum Thema zu werden.

Schließlich kam ich 1989 und in den frühen neunziger Jahren zu einem Projekt, das alle meine Interessensgebiete der Vergangenheit – soziale, anthropologische, ethnographische und literarische – bündelte und mich doch zu neuen Ufern und Territorien führte. Ich war sehr glücklich, an *Women on the Margins* [dt. *Drei Frauenleben*], wie ich es schließlich nannte, arbeiten zu können. Ich wollte zunächst einmal an drei Gestalten aus meinen Lehrveranstaltungen über die Gesellschaft und die Geschlechter exemplarisch zeigen, welche Bandbreite die Erfahrungen städtischer Frauen im siebzehnten Jahrhundert hatten. Die jüdische Kauffrau Glikl bas Judah Leib lebte in Hamburg und Metz; die katholische Handwerkerin und Lehrerin Marie Guyart de l'Incarnation erst in Tours und dann in Québec; die protestantische Künstlerin und Insektenforscherin Maria Sibylla Merian lebte in Frankfurt am Main, Nürnberg und Amsterdam. Alle drei waren zumindest eine Zeitlang verheiratet und hatten Kinder; alle drei hinterließen Texte: Glikl eine jiddische Selbstbiographie, Marie de l'Incarnation eine spirituelle Autobiographie und Hunderte von Briefen über das Leben unter den Indianern in den Wäldern der Ostküste, Maria Sibylla Merian Briefe und insbesondere ihre Studien der Insekten in Europa und in Surinam. Dies war eine Gelegenheit, die Bedeutung des Geschlechts und die von Geschlechterhierarchien in ihrem Leben abzuschätzen, zu sehen, welche Unterschiede Religion und berufliche Tätigkeit ausmachten, und schließlich die verschiedenen Arten von Ehen und Kindererziehung zu untersuchen. Ich wollte die punktuelle Mikrogeschichte ausweiten zu einem Vergleich dreier Lebensgeschichten europäischer Frauen, die nicht im Zentrum ihrer Gesellschaften standen. Und zum ersten Mal würde ich ausgedehnte Forschungsarbeit außerhalb des französischsprachigen Raumes, der mich so lange gefesselt hatte, betreiben: zum Beispiel Jiddisch lernen, die Sprache meiner Großmutter mütterlicherseits, und jüdische Quellen untersuchen in einem Deutschland, das für mich als Mädchen solchen Schrecken bedeutet hatte. Ich war nun selbst eine Großmutter und arbeitete in Bibliotheken in Rußland, Deutschland, den Niederlanden, Québec und Surinam. Ich hatte beschlossen, dies zu tun, aber es erschien mir wie ein Geschenk.

Bereits in einem frühen Stadium des Projekts wurde mir klar, daß ich seine theoretische Grundlegung vertiefen mußte. Wie repräsentativ waren diese Frauen? Vielleicht in ihrem urbanen Stil des Arbeitens und in einigen Aspekten ihres Familienlebens. Aber wie viele Frauen überquerten den Atlantik, um ein Ursulinenkloster in Québec zu gründen oder paddelten im Alter von zweiundfünfzig Jahren den Surinamfluß stromaufwärts, um Raupen und Schmetterlinge zu jagen? Und sogar Glikls Selbstzeugnis hatte einige besondere Merkmale. Ich beschloß, diese ungewöhnlichen Züge als Vorzug zu nehmen und die Quellen der Innovation und Kreativität in Lebensläufen des siebzehnten Jahrhunderts zu betrachten, wo man sie nicht von Anfang an erwartet hätte. Ich begann mit dem Gedanken der »Ränder« zu spielen, der für mich nicht nur wegen der neueren dekonstruktivistischen Verwendung à la Derrida wichtig geworden war, sondern wegen meiner eigenen lebenslangen zwiespältigen Haltung zu Zentren. Alle drei Frau standen – religiös, sozial, geographisch – am Rande, durch eigene Entscheidung oder weil man sie dorthin gestellt hatte. Alle drei verwandelten die Randlagen in für Entdeckungen offene Grenzgebiete, definierten sie neu als Zentren eigener Art oder zumindest als Orte, an denen sie es vorzogen, zu leben.

Konnte ich es dabei bewenden lassen? Mußte ich nicht auch ein gewisses Augenmerk der paradoxen Tatsache zuwenden, daß die »Selbstverwirklichung« von Marie de l'Incarnation Teil des uneingeladenen Eindringens der Franzosen in das nordamerikanische Waldland war, oder daß Maria Sibylla Merians Helfer in Surinam afrikanische und indianische Sklavinnen und Sklaven waren? Und wie war es mit Glikl, die von Europa aus gefühllos über »Wilde« und gute jüdische Reisende schrieb?

Es war Zeit, daß ich solche Fragen stellte. Nichteuropäische Völker und Menschen oder zumindest europäische Einstellungen zu Völkern und Menschen der Neuen Welt hatten in meinen früheren Veröffentlichungen zwar eine gewisse Rolle gespielt, waren aber in keiner Weise wesentlich für meine Argumentation. In den sechziger Jahren schien die französische Kolonialgeschichte ziemlich abgeschnitten zu sein von den aufregenden neuen Richtungen in der französischen Sozialgeschichte, oder im Unterschied zu dem, was in der Geschichte

Neuspaniens und der Azteken geschah. Um 1990 hatte sich dieses Bild schon seit langem verändert. Ich wußte dies von ausgezeichneten Kollegen, Spezialisten für außereuropäische Geschichte, und vom *Shelby Cullom Davis Center*, das ich nun leitete und das zwei Jahre dem Thema »Imperialismus, Kolonialismus und seine Nachwirkungen« widmete.

Für *Women on the Margins* beschloß ich mithin, ein besonderes Augenmerk auf die Wahrnehmung des anderen zu legen, die aus den Schriften Glikls, Marie und Maria Sibyllas deutlich wurde und sich in interessanter Weise voneinander unterschied. Ich beschloß auch, nichteuropäische Frauen in das Buch aufzunehmen, nicht nur als stumme Gegenstände der Aufmerksamkeit von europäischen Frauen, sondern als ihre aktiven Gesprächspartner. Ich versuchte, mir auf der Grundlage indianischer und afrikanischer Quellen vorzustellen, wie die zum Christentum bekehrten Indianerinnen Mutter Marie sahen, wie die afrikanischen und indianischen Helferinnen vor der Herrin Merian über die Insekten und Pflanzen sprachen, die sie in ihrem gedruckten Buch der Natur festgehalten hatte. Ich fragte danach, ob es Hinweise darauf gab, daß nichteuropäische Kulturen in Maries Schriften und Maria Sibyllas Beschreibungen Eingang gefunden hatten.

Nach der Veröffentlichung dieses Buchs habe ich das beständige Gefühl, daß sich meine Interessen als Historikerin und Spezialistin für europäische Geschichte verschoben haben. Frankreich ist immer noch das Land, zu dem ich die längsten und stärksten Bindungen habe, doch nun gibt es Geschichten, die ich sehr gern erzählen möchte über Menschen, die einst in den Regenwäldern Surinams lebten oder an den Ufern des Sankt-Lorenz-Stroms oder aber (in meinem neuen Projekt über »Mischkulturen«) über die Karawanenstraßen Nordafrikas zogen.

Ich berichte über dieses Leben als Wissenschaftlerin mit einiger Verwirrung. Einerseits scheint sich das Leben zu wiederholen. Die Ränder und Zentren der Mädchenzeit werden in verschiedener Besetzung und anderen Kontexten wieder und wieder durchgespielt. Ich schrieb erst Arbeiter in die Geschichte ein, dann Juden, dann Indianer und Amerikaner, als nähme ich immer wieder an irgendeiner Rettungsmission teil. Schreibt man als Historiker letzten Endes nur seine eigene Geschichte, unabhängig davon, wie sehr wir uns bemühen, die auf uns gekommenen Texte der Vergangenheit zu respektieren? Auf der anderen Seite erscheint dieses Leben so ruhelos, in ständiger Bewegung von einem Ort zum anderen, von einem Thema zu einem anderen. Ich habe versucht, in meinem Bericht diese Rastlosigkeit zu bändigen, indem ich jede Veränderung mit einem Jahrzehnt und einem Ort verbunden und gezeigt habe, daß jede methodische oder thematische Veränderung aus meiner vorangegangenen intellektuellen Praxis erwachsen ist und trotz der Rolle des Zufalls jeweils mit seinerzeit aktuellen Themen in der Politik, Kultur und den entsprechenden Wissenschaftsbereichen verbunden war. Dennoch macht es mich schwindelig, wenn ich es jetzt so schildere. Warum bin ich nicht seßhaft geworden in einem thematischen Bereich? Warum diese ständige Suche nach Neuem?

Diese Fragen werden durch meinen heutigen Vortrag aufgeworfen, der mir Rechenschaft abverlangt. Wenn ich aber daran denke, wie es war, dieses Leben als Wissenschaftlerin zu führen, lösen sich die Fragen in nichts auf. Die Erforschung der Vergangenheit ist eine beständige Freude gewesen, ein privilegiertes Reich des intellektuellen Eros. Die notwendigen Zwänge, innerhalb derer die Historiker arbeiten – Quellenbelege für jede Behauptung zu finden –, habe ich aus freien Stücken akzeptiert: gerade die Suche nach ihnen macht den Spaß an der Geschichte aus. Die Fehler, die ich gemacht habe – etwa ein unvollendetes Projekt (oder wie ich mir lieber sage, eines das es noch anzupacken gilt) –, erscheinen trivial, verglichen mit wirklich wichtigen Fehlern, etwa denen, die wir vielleicht in unserer Ehe gemacht haben. Mehr noch, das Studium der Vergangenheit schärft die moralische Sensibilität und stellt Mittel für ein kritisches Verständnis bereit. Ganz gleich, wie schlimm die Zeiten sein mögen, welch ungeheuerliche Grausamkeiten verübt werden, Opposition regt sich hie und da doch, es gibt Regungen der Freundlichkeit und Güte. Wie hart und beengt die Situation auch sein mag, man behilft sich, improvisiert, um sie doch zu überstehen. Ganz gleich, was geschieht, die Menschen werden weiter Geschichten darüber erzählen und sie der Zukunft hinterlassen. Wie bleiern und verzweiflungsvoll die Gegenwart auch aussehen mag, die Vergangenheit erinnert uns daran, daß ein Wandel kommen kann. Am Ende kann doch alles anders sein. Die Vergangenheit ist unendlich reizvoll und bisweilen sogar eine Quelle der Hoffnung.

Anmerkungen

Noch einmal *Religion und Kapitalismus?*

Dieser Aufsatz wurde als R. H. Tawney-Vorlesung vor der Tagung der *Economic History Society* in Edinburgh im März 1995 gehalten. Ich bin den Mitgliedern der Gesellschaft und ganz besonders Maxime Berg außerordentlich dankbar für ihre Hinweise und Ratschläge. Ich möchte auch den Teilnehmern eines Seminars des *Shelby Cullom Davis Center for Historical Studies* an der *Princeton University* für ihre Kommentare danken zu einer ersten Version dieses Aufsatzes, die dort im September 1994 vorgetragen worden ist.
[Originaltitel: Religion and Capitalism again? Jewish Merchant Culture in the Seventeenth Century]

1   Werner Sombart, *Die Juden und das Wirtschaftsleben*, Leipzig 1911, S. 155–157, 260.

2   Untersuchungen über Werner Sombart: Arthur Mitzman, *Sociology and Estrangement: Three Sociologists of Imperial Germany*, New York 1973, Teil 3; Jeffrey Herf, *Reactionary Modernism: Technology, Culture, and Politics in Weimar and the Third Reich*, Cambridge 1984, Kap. 6; Nicolaus Sombart, *Nachdenken über Deutschland. Vom Historismus zur Psychoanalyse*, München 1987, S. 14–21; und Friedrich Lenger, *Werner Sombart, 1863–1941. Eine Biographie*, München 1994, insbesondere Kap. IX: »Judaismus und Kapitalismus: von der historischen Soziologie zu Kollektivpsychologie und Rassenanthropologie«.

3   Neuere Bewertungen von Max Webers These mit Material zu Sombarts Positionen sind Gordon Marshall, *In Search of the Spirit of Capitalism: An Essay on Max Weber's Protestant Ethic Thesis*, London 1982, und Hartmut Lehmann und Günther Roth (Hg.), *Weber's »Protestant Ethic«: Origins, Evidence, Contexts*. Washington, D. C., 1993.

4   Benjamin Franklin, zitiert von Max Weber, *Die protestantische Ethik und der Geist des Kapitalismus*, in: *Gesammelte Aufsätze zur Religionssoziologie*, Bd. 1, Tübingen 1921, S. 17–206, hier zitiert nach: *Die protestantische Ethik. Eine Aufsatzsammlung*, hg. von Johannes Winckelmann, Bd. I, 5. Aufl. Gütersloh 1979, S. 40–41.

5   Sombart, *Juden*, S. 293, 346.

6   Ibid., Kap. 10.

7   Ibid., S. 265–266.

8   *Die Memoiren der Glückel von Hameln*, aus dem Jüdisch-Deutschen von Bertha Pappenheim, Wien 1910, Ndr. Weinheim 1994 [Dieser Nachdruck wird im folgenden abgekürzt als *Memoiren*, A. d. Ü.]. Sombart zitiert diese Ausgabe (*Juden*, S. 450, Anm. 146) korrekt als »Privatdruck«. Daß er so rasch Zugang zu einer in begrenzter Auflage erschienenen Edition hatte, belegt seine Verbindungen zu jüdischen Gelehrtenkreisen.

9   Weber, Die protestantische Ethik, S. 30–31, 165–166, 185 Anm. 2, 270–271 [dt. S. 63–66, 174–175, 259–261 Anm. 252, 337–339]. Zu Webers Vorbehalten gegenüber einer »Rassentheorie« und seiner Präferenz für soziokulturelle Erklärungen siehe Harry Liebersohn, »Weber's Historical Concept of National Identity«, in: Lehmann und Roth (Hg.), *Weber's »Protestant Ethic«*, S. 126–131.

10 Lujo Brentano, *Die Anfänge des modernen Kapitalismus*, München 1913, S. 127 bis 134, 159 ff. Über Brentano siehe Günther Roth, »Weber the Would-Be Englishman«, in: Lehmann und Roth (Hg.), *Weber's »Protestant Ethic«*, S. 104–106.

11 Paul R. Mendes-Flohr, »Werner Sombart's: The Jews and Modern Capitalism: An Analysis of Its Ideological Premises«, *Year Book of the Leo Baeck Institute* 21 (1976), S. 94.

12 Heinrich H. Graetz [1817–1891], *Geschichte der Juden von den ältesten Zeiten bis auf die Gegenwart*, 11 Bde., Leipzig 1861 ff.; Leipzig 1897–1911; Ndr. der Ausgabe von 1861 ff.: Berlin 1996. Der zehnte und elfte Band behandeln die Zeit von 1618 bis 1848 und stellen die Geschichte der jüdischen Niederlassungen in verschiedenen Teilen Europas sowie – sehr kursorisch – in Amerika dar. Der Status der Juden in der Politik verschiedener christlicher und nichtjüdischer Länder und die religiösen Bewegungen innerhalb der jüdischen Gemeinden stehen im Zentrum der Darstellung. 1912 wurden Auszüge von Sombarts *Die Juden* in hebräischer Sprache von frühen Zionistengruppen in Kiew veröffentlicht. Jüdischen Lesern würde vor Freude das Herz im Leibe hüpfen, hieß es in der Einführung, wenn sie auf Grund gutfundierten Quellenmaterials von den vielfältigen Tätigkeiten der Juden erführen; Samuel Klausner, Einführung zu Sombart, *The Jews and Modern Capitalism*, New Brunswick, N.J., 1982, S. c–ci.

13 Sombart, *Juden*, S. XII (Bezug auf Friedrich Nietzsche). Für heutige Leser mag Sombarts »Puritanismus *ist* Judaismus« an Formulierungen in den Frühschriften von Karl Marx erinnern, etwa in »Zur Judenfrage« (1844): »Das Geld [ist] zur Weltmacht und der praktische Judengeist zum praktischen Geist der christlichen Völker geworden«, Karl Marx/Friedrich Engels, *Werke* (= MEW), Bd. 1, Berlin 1969, S. 373. Beiden gemeinsam ist die feindselige Haltung zum »Geld«: in Sombarts Fall das rational kalkulierende kapitalistische Gewinnstreben, bei Marx das »Schachern« und die Macht des Geldes, das »alle Dinge verwechselt, vertauscht« (wie er in der Auslegung von Goethe- und Shakespeare-Zitaten in den »Ökonomisch-philosophischen Manuskripten« von 1844 ausführt; abgedruckt in MEW, Ergänzungsband: *Schriften – Manuskripte – Briefe bis 1844*, Erster Teil, Berlin 1968, S. 566 [Abschnitt »Geld«]. Doch gibt es eine Reihe von Unterschieden. Sombart schrieb eine weit ausholende Wirtschaftsgeschichte gegen Webers Position, daß der Puritanismus die Quelle des Kapitalismus sei; Marx betonte in seiner Streitschrift die Unterscheidung zwischen dem Staat und der bürgerlichen Gesellschaft gegen die Ansicht Bruno Bauers, die »Judenfrage« wäre gelöst, wenn die Juden nur konvertieren und in einem entchristianisierten liberalen Staat leben würden (ein Weg, den der Vater von Marx eingeschlagen hatte). Sombart machte die Juden zu den Trägern des rationalen Kapitalismus auf Grund ihrer Religion, ihrer historischen Situation und ihrer »Rasse«. Marx gab den Juden eine weitgefaßtere Rolle und erklärte sie repräsentativ für »das Prinzip der bürgerlichen Gesellschaft«, will heißen: »das praktische Bedürfnis, der Eigennutz« [»Zur Judenfrage«, S. 374, 372]. Die Rolle der Juden sei weder durch die Religion bestimmt (»Suchen wir das Geheimnis des Juden nicht in seiner Religion« [ibid., S. 372]), noch durch die »Rasse«, sondern durch die Geschichte, die das Schachern und Geld zur ihrer Art und Weise machte, die praktischen Bedürfnisse und den Eigennutz zu befriedigen. Sombart, der anfangs den Kapitalismus völlig abgelehnt hatte und später eine Unterscheidung zwischen einem schlechten, berechnenden jüdischen Händler-Kapitalismus und einem guten deutschen heldenhaften Unternehmer-Kapitalismus traf, wollte

die Gesellschaft nur von dem ersteren befreien. Marx, der sich von seinem früheren idealistischen Hegelianismus zum Materialismus bewegte, wollte die bürgerliche Gesellschaft davon befreien, praktische Bedürfnisse durch Geld und den Kapitalismus zu befriedigen. Deshalb: »die gesellschaftliche Emanzipation des Juden ist die Emanzipation der Gesellschaft vom Judentum« [»Zur Judenfrage«, S. 377]. Eine aufschlußreiche Untersuchung dieser Thematik bei Marx ist Dennis K. Fischman, *Political Discourse in Exile: Karl Marx and the Jewish Question*, Amherst, Mass., 1991.

14 Sombart, *Juden*, S. 155. Harry Liebersohn, »Value-Freedom in the German Sociological Association«, in: *Fate and Utopia in German Sociology, 1870–1923*, Cambridge, Mass., 1988, S. 109–120.

15 Moses Hoffmann, *Judentum und Kapitalismus. Eine kritische Würdigung von Werner Sombarts »Die Juden und das Wirtschaftsleben«*, Berlin 1912, S. 3. Interessanterweise wurde Sombarts Buch von denen angegriffen, denen es nicht antisemitisch genug war: F. Roderich Stolheim, *Die Juden im Handel und das Geheimnis ihres Erfolgs. Zugleich eine Antwort und Ergänzung zu Sombarts Buch: »Die Juden und das Wirtschaftsleben«*, Steglitz 1913.

16 Sombart, *Juden*, S. 346–353, 470–472.

17 Raphaël-Georges Lévy, »Le rôle des Juifs dans la vie économique«, *Revue des études juives* 62 (1911), S. 162. Siehe auch die von Klausner gesammelten Belege für Sombarts enge Verbundenheit mit den Prinzipien des Nationalsozialismus und deren Grenzen, Klausner, Einführung zu Sombart, *Jews*, S. cii–cv.

18 Mordecai [später Mortimer] Epstein [1880–1946], *The English Levant Company: Its Foundation and Its History to 1640*, London 1908, Vorbemerkung. Eine andere Ausgabe erschien im selben Jahr unter dem Titel *The Early History of the Levant Company*, London 1908. Werner Sombart, *Socialism and the Social Movement*, übers. von M. Epstein, London 1909, Einleitung des Übersetzers [dt. *Sozialismus und soziale Bewegung*, 5. Aufl. Jena 1905].

19 Werner Sombart, *The Jews and Modern Capitalism*, übers. von M. Epstein, mit einer Einleitung von Bert Hoselitz, New York 1951, einführende Bemerkungen des Übersetzers, London, 21. April 1913 (in der Ausgabe von 1982 nicht enthalten).

20 M. Epstein, Besprechung von *Der Bourgeois* von Werner Sombart, *The Economic Journal* Jg. 24, Nr. 95 (1914), S. 403–406 [Werner Sombart, *Der Bourgeois. Zur Geistesgeschichte des modernen Wirtschaftsmenschen*, München und Leipzig 1923]. Werner Sombart, *The Quintessence of Capitalism: A Study of the History and Psychology of the Modern Business Man*, hg. und übers. von M. Epstein, New York 1915.

21 Epstein, der 1920–1924 unter dem Pseudonym Benammi für den *Jewish Chronicle* schrieb, sprach vom Judaismus als einer Religion der Liebe und der Rechtschaffenheit: der Pentateuch bestand auf Aufrichtigkeit, und jene, die unbarmherzigen Schacher betrieben, handelten jüdischen Idealen zuwider. Während des Mittelalters »hatte das gemeine Volk lieber mit einem Juden zu tun als mit einem Lombarden. Der Lombarde war ein hartherziger Gläubiger; der Jude hatte eine weiche Stelle in seinem Herzen für einen Mann in verzweifelter Lage«; Mortimer Epstein, *Aspects of Jewish and Thought (The Letters of Benammi)*, New York 1922, S. VI, 19–22, 154–160; Mortimer Epstein, *Essays on Jewish Life and Thought (The Lettres of Benammi)*, London 1924, S. VI, 64–69.

22 Zum Einfluß, den Sombarts Bestimmung der Thematik auf einen jungen jüdischen Historiker Polens zu Beginn des zwanzigsten Jahrhunderts ausüben

konnte, siehe Jacob Litman, *The Economic Role of Jews in Medieval Poland: The Contribution of Yitzhak Schipper*, Lanham 1984, S. 42–50. In jüngerer Zeit ist Sombarts Formulierung der Fragestellungen immer noch wichtig bei Léon Poliakov, *Les banchieri juifs et le Saint-Siège du 13e au 17e siècle*, Paris 1965, S. 2, 222–223, 266–269, 291–305; und Hillel Levine, *Economic Origins of Antisemitism: Poland and the Jews in the Early Modern Period*, New Haven 1991, S. 22–76, 78–79, 108–135. Es geht hier nicht darum, ob diese Autoren mit Sombart übereinstimmen, sondern ob sie die von ihm aufgeworfene historische Frage nach den Ursprüngen des Kapitalismus ernst nehmen. Harold Pollins weicht in seiner *Economic History of the Jews in England*, Rutherford 1982, gerade solchen Fragen der »großen Theorie« aus zugunsten einer »Fundierung durch die Fakten« und »Theorien mittlerer Reichweite« (S. 9). Max Weber ist in Pollins Bibliographie aufgenommen, Sombart hingegen nicht. In ähnlicher Weise äußert sich Péter Hanák in seiner interessanten Studie über die Juden in der ungarischen Wirtschaft im achtzehnten und neunzehnten Jahrhundert: er wolle nicht »in die uralte Debatte über die angebliche ›wirtschaftliche Eignung‹ und geistigen Fähigkeiten der Juden eintreten«. Er befaßt sich nur mit den wirtschaftlichen Strukturen und historischen Lagen und zieht in seiner Analyse kein Material zu kulturellen Prägungen und Verhaltensweisen heran; Péter Hanák, »Jews and the Modernization of Commerce in Hungary, 1760–1848«, in: Michael K. Silber (Hg.), *Jews in the Hungarian Economy, 1760–1945: Studies Dedicated to Moshe Carmilly-Weinberger on his Eightieth Birthday*, Jerusalem 1992, S. 23–29.

23   Louis Rosenstock-Franck, »Les Juifs et la vie économique« (Seminarmanuskripte, Lyon 1941), aufbewahrt im Archiv des *Consistoire central*, Fonds Moch 63, Bibliothek der *Alliance Israélite universelle*, Paris. Rosenstock-Franck bezog sich in diesen Seminarvorträgen nicht auf Sombarts *Deutscher Sozialismus* von 1934, in dem dieser sein eigenes Programm eines Nationalsozialismus darlegte. Louis Rosenstock-Franck hatte die *Ecole polytechnique* absolviert und Bücher über *L'économie corporative fasciste en doctrine et en fait* (1934) und *L'expérience Roosevelt et le milieu social américain* (1937) verfaßt. Im Jahr 1942 scheint er in Washington D.C. gewesen zu sein und Pamphlete über die französische Wirtschaft für das *Brookings Institute* verfaßt zu haben. Nach dem Zweiten Weltkrieg kehrte er nach Frankreich zurück.

24   Die jiddische Handschrift der Selbstbiographie von Glikl bas Judah Leib ist zuerst ediert und publiziert worden von David Kaufmann unter dem Titel *Die Memoiren der Glückel von Hameln, 1645–1719*, Frankfurt am Main 1896 (fortan abgekürzt als GM). Die vollständigste englische Übersetzung ist *The Life of Glückel of Hameln, 1646–1724, Written by Herself*, übers. von Beth-Zion Abrahams, London 1962 (fortan abgekürzt als GL). Jacob Emdens hebräische Biographie von Zwi Hirsch Aschkenasi wurde zusammen mit seiner Autobiographie, dem *Megillat Sefer*, 1896 auf der Grundlage einer Handschrift in Oxford publiziert. Ich benutze die französische Übersetzung: *Mémoires de Jacob Emden ou l'anti-Sabbataï Zevi*, übers. von Maurice-Ruben Hayoun, Paris 1992 (fortan abgekürzt als JM). Übersetzungen von Glikls Text stützen sich auf den Text von Abrahams, sind indes von mir anhand der jiddischen Ausgabe überprüft und wenn nötig korrigiert worden. Alle Übersetzungen aus der französischen Edition von Emdens *Mémoires* stammen von mir.

25   Ich habe das Leben, Milieu und die *Denkwürdigkeiten* von Glikl bas Judah Leib ausführlich behandelt (samt der einschlägigen bibliographischen Angaben)

in Natalie Zemon Davis, *Women on the Margins: Three Seventeenth-Century Lives,* Cambridge, Mass., 1995 [dt. *Drei Frauenleben. Glikl – Marie de l'Incarnation – Maria Sibylla Merian,* Berlin 1996].

26 GM, S. 30 [*Memoiren,* S. 30–31]; GL, S. 17.

27 GM, S. 273–274 [*Memoiren,* S. 259–260]; GL, S. 150.

28 Marc Antoine Turgot, *Mémoire rédigé pour l'instruction du Dauphin* (1700), zitiert in: *Les Juifs lorrains. Du ghetto à la nation, 1721–1871,* Metz 1990, S. 43, Katalog-Nr. 123.

29 Archives départementales de la Moselle, 3E3705 Nr. 83; 3E3706 Nr. 196.

30 GM, S. 300 [*Memoiren,* S. 282]; GL, S. 163.

31 Diese Episode wird ausführlicher behandelt in Natalie Zemon Davis, »Riches and Dangers: Glikl bas Judah Leib on Court Jews«, in: Vivian B. Mann und Richard I. Cohen (Hg.), *From Court Jews to the Rothschilds: Art, Patronage, and Power, 1600–1800,* München und New York 1996, S. 45–57, 125.

32 Außer in der Biographie Jacob Emdens findet man Informationen über Zwi Hirsch Aschkenasi in der ausgezeichneten Einführung von Maurice-Ruben Hayoun zu JM; in David Kaufmann, »Rabbi Zevi Ashkenazi and his Family in London«, *Transactions of the Jewish Historical Society of England* 3 (1896–1898), S. 102–125; und in der *Encyclopaedia Judaica,* 16 Bde., Jerusalem 1971–1972, Bd. 3, S. 733–735.

33 JM, S. 77, 84, 109.

34 JM, S. 95–102. GM, S. 257–262 [*Memoiren,* S. 242–247]; GL, S. 142–144. *Encyclopaedia Judaica,* Bd. 3, S. 734. Zwi Hirsch Aschkenasi, *Sefer She'elot u-Teshovot Chakham Zevi,* Amsterdam 1712, Ndr. New York 1960, Nr. 74, 76, 77.

35 Über Nehemia Chajjon und sein *'Os l'-Elohim* (Berlin 1713) siehe die *Encyclopaedia Judaica,* Bd. 7, S. 1499–1503, und Gerschom Scholem, *Sabbatai Zevi. The mystical Messias,* übers. von R. F. Zwi Werblowsky, Princeton 1973, S. 901–903 [dt. *Sabbatai Zwi. Der mystische Messias,* Frankfurt am Main 1992, S. 996–998].

36 JM, S. 117.

37 JM, S. 119. Israel Rubinowiczs Karriere als Verwalter der Besitzungen eines der größten polnischen Adelshäuser wird detailliert beschrieben von M. J. Rosman, *The Lord's Jews: Magnate-Jewish Relations in the Polish-Lithuanian Commonwealth during the Eighteenth Century,* Cambridge, Mass., 1990. Zu seiner Patronage Zwi Hirsch Aschkenasis siehe S. 154–155.

38 Zu moralischen Testamenten siehe Israel Abrahams (Hg.), *Hebrew Ethical Wills,* Philadelphia 1976, Vorwort von Judah Goldin. Eine eingehendere Analyse jüdischer Selbstzeugnisse mit weiteren bibliographischen Angaben habe ich versucht in Natalie Zemon Davis, *Women on the Margins,* S. 19–22 [dt. S. 30–34] und in Natalie Zemon Davis, »Fame and Secrecy: Leon Modena's Life as an Early Modern Autobiography« [dt. »Ruhm und Geheimnis: Leone Modenas ›Leben Jehudas‹ als frühneuzeitliche Autobiographie«, im vorliegenden Band, S. 41–55] in: *The Autobiography of a Seventeenth-Century Venetian Rabbi: Leon Modena's »Life of Judah«,* übers. und hg. von Mark R. Cohen, Princeton 1988. Siehe auch Abraham Yagel, *A Valley of Vision: The Heavenly Journey of Abraham ben Hananiah Yagel,* hg. und übers. von David Ruderman, Philadelphia 1990, Einleitung.

39 Über Jakob Emden siehe Hayouns Einführung zu JM; *Encyclopaedia Judaica,* Bd. 6, S. 721–724; und David Kaufmann, »Zu R. Jakob Emdens Selbstbiographie«, in: *Gesammelte Schriften,* Bd. 3, Frankfurt am Main 1915, S. 138–149.

40 JM, S. 330.

41   JM, S. 282, 310.

42   GM, S. 121, 255 [*Memoiren*, S. 112, 240]; GL, S. 67, 141.

43. Georg Simmel, *Philosophie des Geldes*, in: *Gesamtausgabe*, hg. von Otthein Ramstedt, Bd. 6, hg. von David P. Frisby und Klaus Christian Köhnke, Frankfurt am Main 1989. Viviana A. Zelizer, *The Social Meaning of Money: Pin Money, Paychecks, Poor Relief, and Other Currencies*, New York 1994. Siehe auch Marc Shell, *Money, Language, and Thought: Literary and Philosophic Economies from the Medieval to the Modern Era*, Berkeley 1982.

44   GM, S. 170, 175 [*Memoiren*, S. 159, 164]; GL, S. 92, 95.

45   GM, S. 277 [*Memoiren*, S. 262]; GL, S. 152.

46   GM, S. 276–277 [*Memoiren*, S. 261–263]; GL, S. 151–152.

47   Jacques Savary, *Le Parfait Negociant ou Instruction Generale pour ce qui regarde le commerce des Marchandises de France et des Pays Etrangers*, Paris 1736 (überarbeitete Auflage der Edition von 1679), Teil 2, viertes Buch, Kap. 1–3 [dt. Übers. der Erstausgabe von 1675: *Der vollkommene Kauff- und Handels-Mann*, Genf 1676.] Thomas Luckett, »Credit and Commercial Society in France, 1740–1789«, Diss. Princeton University, 1992, Kap. 2–3.

48   Craig Muldrew, »Interpreting the Market: The Ethics of Credit and Community Relations in Early Modern England«, *Social History* 18: 2 (1993), S. 163–183. Zur Bedeutung des Kredits siehe ferner Jacob M. Price, »Transaction Costs: A Note on Merchant Credit and the Organization of Private Trade«, in: James D. Tracy (Hg.), *The Political Economy of Merchant Empires: State Power and World Trade, 1350–1750*, Cambridge 1991, S. 276–297.

49   GM, S. 13, 32, 62, 120 [*Memoiren*, S. 29–30, 12, 55, 111]; GL, S. 7, 18, 34, 67.

50   GM, S. 14, 303–305 [*Memoiren*, S. 6, 285–287]; GL, S. 8, 165–166. Alexander der Große spielte eine wichtige Rolle in der jüdischen Tradition; Geschichten über ihn gingen auf Josephus und den Talmud zurück und finden sich in vielen jüdischen Geschichtensammlungen des Mittelalters; Micha Joseph Bin Gorion, *Mimekor Yisrael: Classical Jewish Folktales*, übers. von I. M. Lask, gekürzte Ausg., mit Anmerkungen versehen von Dan Ben-Amos, Bloomington 1990, S. 89–104 (siehe insbesondere die Geschichte von Alexander und dem menschlichen Auge, Nr. 48 »Tribute from Eden«).

51   JM, S. 85, 109.

52   JM, S. 107.

53   JM, S. 94–95.

54   JM, S. 81–82, 132.

55   Rosman, *Lord's Jews*, S. 152.

56   Das Siegel befindet sich in der Sammlung Einhorn in Tel Aviv und ist abgebildet und erläutert in der *Encyclopaedia Judaica*, Bd. 3, S. 734.

57   JM, S. 117–119, 183–185; Kaufmann, »Rabbi Zevi Ashkenazi«, S. 102–125.

58   Mordechais Streitfall zirkulierte genügend in der hebräischen Presse, daß schließlich christliche Beobachter und Polemiker davon erfuhren: Johann Jacob Schudt, *Jüdische Merckwürdigkeiten*, 4 Bde., Frankfurt und Leipzig 1715–1718, Bd. 4, S. 135–137.

59   Gedalia Yogev, *Diamonds and Coral: Anglo-Dutch Jews and Eighteenth-Century Trade*, Leicester 1978, S. 152–158.

60   Raymond de Roover, *The Rise and Decline of the Medici Bank, 1397–1494*, Cambridge, Mass., 1963.

61   GM, S. 320 [*Memoiren*, S. 293]; GL, S. 176. JM, S. 116–117.

62 Stephanie Jed, *Chaste Thinking: The Rape of Lucretia and the Birth of Humanism*, Bloomington 1989, Kap. 3, S. 86.

63 Claude Dupouy, *Le droit des faillites avant le Code de Commerce*, Paris 1960, S. 191–192, über die *ordonnance* von 1673. *Factum pour Mayeur Tresnel et Olry Abraham Cahen, Juifs de Metz* ... *Creanciers de Ruben Schaube* ... *Contre le même Ruben Schaube, Juif, cy-devant Banquier à Metz* (1717), Bibliothèque Nationale de France, nouv. acq. fr. 22705, Nr. 28, S. 39.

64 Yogev, *Diamonds*, S. 183–185.

65 Ich habe die Bedeutung des Geheimnisses für die innerjüdische Kommunikation und das Verständnis des eigenen Selbst erörtert in Davis, »Fame and Secrecy«, siehe Anm. 38 [dt. in diesem Band].

66 GM, S. 119, 161 [*Memoiren*, S. 110, 150]; GL, S. 66, 87.

67 GM, S. 124 [*Memoiren*, S. 115]; GL, S. 69.

68 André Sayous, Vorwort zu Werner Sombart, *L'apogée du capitalisme*, übers. von S. Jankélévitch, Paris 1931, Bd. I, S. i–lxvi. Henri Hauser, »L'œuvre scientifique de quelques économistes étrangers. VII. Werner Sombart«, *Revue d'économie politique* 49 (1935), S. 1233–1255. Richard Henry Tawney, *Religion and the Rise of Capitalism*, London 1926 (basierend auf der Vorlesung der Henry-Scott Holland-Gedächtnisstiftung von 1922); Neuausgabe mit neuem Vorwort London 1937 [dt. *Religion und Frühkapitalismus*, nach der Ausgabe von 1937 übers. von Max Moser, Bern 1946].

69 H. M. Robertson, *The Rise of Economic Individualism*, Cambridge 1933. Seit dem späten neunzehnten Jahrhundert wird die Geschichte der Buchhaltung erforscht, doch Robertson war einer der ersten, der sie in die Debatte über die historischen Ursprünge des Kapitalismus einbettete. Bibliographische Angaben zu diesem Forschungsfeld finden sich bei Ernest Stevelinck (Hg.), *La comptabilité à travers les âges*, Brüssel 1970, mit einer Einführung von Raymond de Roover. Auch in dieser sehr nützlichen Untersuchung ist der Held die doppelte Buchführung.

70 Alexander Gerschenkron, *Economic Backwardness in Historical Perspective: A Book of Essays*, Cambridge, Mass., 1962; S. N. Eisenstadt (Hg.), *The Protestant Ethic and Modernization: A Comparative View*, New York 1968.

71 Clifford Geertz, *Peddlers and Princes: Social Change and Economic Modernization in Two Indonesian Towns*, Chicago 1963, S. vii–viii. Clifford Geertz, *The Religion of Java*, London 1960, S. ix–x, 383–386. Clifford Geertz, *After the Fact: Two Countries, Four Decades, One Anthropologist*. Cambridge, Mass., 1995, S. 99–108 [dt. *Spurenlesen. Der Ethnologe und das Entgleiten der Fakten*, München 1997, S. 93–110].

72 Geertz, *Peddlers*, S. 34 und Anm. 5.

73 Ibid., S. 140.

74 Ibid.

75 Ibid., S. 145.

76 Clifford Geertz, »Deep Play: Notes on the Balinese Cockfight«, in: *The Interpretation of Cultures*, New York, S. 437 [dt. »Deep play«: Bemerkungen zum balinesischen Hahnenkampf«, in: *Dichte Beschreibung. Beiträge zum Verstehen kultureller Systeme*, Frankfurt am Main 1983, S. 237].

77 Shlomo Dov Goitein, *A Mediterranean Society: The Jewish Communities of the Arab World as Portrayed in the Documents of the Cairo Geniza*, Bd. 1: *The Economic Foundations*, Berkeley 1967. Siehe auch Giacomo Todeschini, »Familles juives et chrétiennes en Italie à la fin du Moyen Âge: Deux modèles de développement

économique«, *Annales ESC* 45: 4 (1990), S. 787–817; Barry Supple, »A Business Elite: German-Jewish Financiers in Nineteenth-Century New York«, *The Business History Review* 31: 2 (1957), S. 143–178.
78   Yannick Lemarchand, »Style mercantile ou mode des finances. Le choix d'un modèle comptable dans la France d'Ancien Régime«, *Annales HSS* 50: 1 (1995), S. 159–182. Lemarchand zeigt, daß die einfache Einnahmen/Ausgaben-Rechungsführung in Bergwerken und im Metallgewerbe verwendet wurde, in denen das Kapital von Adligen und Financiers kam, während die doppelte Buchführung in den mit Kaufmannskapital arbeitenden Textilmanufakturen üblich war. Eine größere Untersuchung der Buchhaltungsformen in jüdischen Milieus wäre äußerst wünschenswert.

Ruhm und Geheimnis

Dieser Aufsatz ist einer der einleitenden Essays zur von Mark R. Cohen besorgten englischen Übersetzung der hebräischen Handschrift in der Biblioteca Ambrosiana, die 1988 erschienen ist *(The Autobiography of a Seventeenth-Century Venetian Rabbi. Leon Modena's Life of Judah.* Translated and Edited by Mark R. Cohen. With introductory Essays by Mark R. Cohen and Theodore K. Rabb, Howard E. Adelman, and Natalie Zemon Davis, and historical Notes by Howard E. Adelman and Benjamin C. I. Ravid. Princeton University Press 1988).
Ich bin Mark Cohen dankbar für seine Hilfestellung bei den in diesem Essay benutzten hebräischen Texten und möchte mich für die Aufschlüsse bedanken, die unser gemeinsames Seminar über die Juden im frühneuzeitlichen Europa an der Princeton University für meine Reflexion über jüdische Autobiographien erbracht hat. Ein ausgezeichnetes Seminarpapier von Howard Jacobson über das Glücksspiel arbeitete mit dem Vergleich zwischen Leone Modena und Girolamo Cardano, der in meinem Essay in andere Richtungen weitergeführt wird. Ich möchte auch Reuven Bonfil, Lorraine Daston, Moshe Greenberg, Stephen Greenblatt und Geoffrey Hartmann für ihre konstruktiven Kommentare zur Argumentation des Essays danken.

1   Girolamo Cardano, *De propria vita liber*, Paris 1643, wieder abgedruckt in seinen *Opera omnia*, hg. Charles Spon, Bd. 1, Lyon 1663, S. 1–54 [dt. Übers. *Des Girolamo Cardano von Mailand »Bürgers von Bologna« eigene Lebensbeschreibung*, übertr. u. eingel. v. Hermann Hefele, Jena 1914]. Michel de Montaigne, *Essais*, II, 6, in: *Œuvres complètes*, hg. Albert Thibaudet und Maurice Rat, Paris 1962, S. 358. Eine Auswahl aus Montaignes *Essais* erschien 1590 in Ferrara; eine vollständige Übersetzung von Marco Ginammi wurde 1633 in Venedig veröffentlicht: *Saggi di Michel sig. di Montagna, overo Discorsi naturali, polici e morali* [die erste vollst. dt. Übers.: *Michael's Herrn von Montaignes Versuche, nebst des Verfassers Leben*, nach der neuesten Ausgabe des Herrn Peter Coste ins Teutsche übersetzt von Johann Daniel Tietz, 3 Tle., Leipzig 1753–1754, Ndr. Zürich 1992, Bd. 1, S. 748]. Eine Untersuchung über Montaignes Essays als Autobiographie ist James Olney, *Metaphors of Self*: *The Meaning of Autobiography*, Princeton 1972, Kap. 2.
2   Aus der Vielzahl von Publikationen über die frühneuzeitliche Autobiographie siehe Karl J. Weintraub, *The Value of the Individual: Self and Circumstance in Autobio-*

graphy, Chicago 1978; Paul Delany, *British Autobiography in the Seventeenth Century*, London und New York 1969; und Gilbert Schrenck, »Aspects de l'écriture autobiographique au XVIe siècle: Agrippa d'Aubigné et *Sa Vie à ses enfants*«, in: *Nouvelle Revue du seizième siècle* 3 (1985), S. 33–51. Einen wichtigen Überblick über das Forschungsgebiet mit einer nützlichen Bibliographie zum Thema bietet James Olney (Hg.), *Autobiography: Essays Theoretical and Critical*, Princeton 1980. Die Arbeiten von Philippe Lejeune (*L'Autobiographie en France* [Paris 1971] und *Le Pacte autobiographique* [Paris 1975]) sind äußerst anregend, auch wenn ich (wie Schrenck und andere) nicht glaube, Schreiben über das eigene Ich vor 1760 sei die »Vorgeschichte« der Autobiographie. Georges May, *L'Autobiographie*, Paris 1979, ist ebenfalls eine nützliche Einführung und enthält auch einige Beispiele aus der frühen Neuzeit. Für das Mittelalter gibt es das klassische Werk von Georg Misch, *Geschichte der Autobiographie*, 4 Bde. in 8 Tlbden., Bern/Frankfurt/M. 1949–1961; die Bde. 2, 3 und 4.1 behandeln das Mittelalter, Bd. 4.2 den Zeitraum von der Renaissance bis zum achtzehnten Jahrhundert. Siehe auch Paul Zumthor, »Autobiography in the Middle Ages?«, in: *Genre* 6: 1 (März 1973); S. 29–48. Die jüdische Autobiographie ist bislang in die historische und theoretische Literatur noch nicht einbezogen worden.

3 T. C. Price Zimmermann, »Confession and Autobiography in the Early Renaissance«, in: *Renaissance Studies in Honour of Hans Baron*, Anthony Molho und John A. Tedeschi (Hg.), Dekalb, Ill., 1971, S. 119–140. Teresa de Avila, *Libro de la Vida*, in: *Obras*, Salamanca 1588; engl. Übers. von E. Allison Peers, *The Autobiography of St. Teresa of Avila*, New York 1960. Als Beispiel für eine Autobiographie, deren zentrales Thema die Bekehrung ist, siehe Thomas Platter, *Lebensbeschreibung*, A. Hartmann (Hg.), Basel 1944. Siehe auch Delany, *British Autobiography*, Kap. 3–6.

4 Georges Duby, *Le Chevalier, le prêtre et la femme*, Paris 1982, Kap. 12–13 [dt. Übers.: *Ritter, Frau und Priester. Die Ehe im feudalen Frankreich*, Frankfurt/M. 1988]. Gene Brucker, »Introduction: Florentine Diaries and Diarists«, in seinen *Two Memoirs of Renaissance Florence: The Diaries of Buonaccorso Pitti and Gregorio Dati*, übers. v. Julia Martines, New York 1967, S. 9–18. Eine Einführung in französische Familiengeschichten mit weiterführenden Literaturhinweisen findet man in meinem Essay »Ghosts, Kin, and Progeny: Some Features of Family Life in Early Modern France«, in: *The Family*, Alice Rossi, Jerome Kagan und Tamara K. Hareven (Hg.), NewYork 1978, S. 87–114 [dt. »Die Geister der Verstorbenen, Verwandtschaftsgrade und die Sorge um die Nachkommen. Veränderungen des Familienlebens in der frühen Neuzeit«, in: Natalie Z. Davis, *Frauen und Gesellschaft am Beginn der Neuzeit*, Berlin 1986, S. 19–51].

5 Francesco Guicciardini, »Memorie di famiglia« und »Ricordanze«, in: *Scritti autobiografici e rari*, Roberto Palmarocchi (Hg.), Bari 1936, S. 1–99. Théodore Agrippa d'Aubigné, »Sa Vie à ses enfants«, in: *Œuvres complètes*, E. Réaume und F. de Caussade (Hg.), 6 Bde., Paris 1873–1892, Bd. 1, S. 3–113.

6 Jacob Burckhardt, *Die Kultur der Renaissance in Italien* (1860), Horst Günther (Hg.), Frankfurt/M. 1989, S. 137. Ausführlicher diskutiert habe ich die Verwurzelung in der Familie und ihr Verhältnis zur Selbsterkundung in »Boundaries and the Sense of Self in Sixteenth-Century France«, in: *Reconstructing Individualism: Autonomy, Individuality, and the Self in Western Thought*, Thomas Heller, Morton Sosna und David Wellbery (Hg.), Stanford 1986, S. 53–63, 333–335 [dt. »Bindung und Freiheit. Die Grenzen des Selbst im Frankreich des sechzehnten Jahr-

hunderts«, in: Natalie Z. Davis, *Frauen und Gesellschaft am Beginn der Neuzeit*, Berlin 1986, S. 7–18].

7   Cardano, *De propria vita*, Prolog, Kap. 5, 6, 8, 10, 21, 30, 31.

8   Montaigne, *Essais*, I, 35, S. 221; II, 17, S. 625; III, 9, S. 928–929; III, 13, S. 1079; dt. Bd. 1, S. 411; Bd. 2, S. 458–459; Bd. 3, S. 410; Bd. 3, S. 1067.

9   Ahimaaz ben Paltiel, *Sepher Yuhasin* [Buch der Genealogien], übers. u. teilveröff. von Leo M. Schwarz, *Memoirs of My People Through a Thousand Years*, Philadelphia 1960, S. 3–14; vollst. engl. Übers. v. Marcus Salzman, New York 1924. Isaak Abravanel, Vorwort zu seinen *Kommentaren über die früheren Propheten*, in Hebräisch 1511-1512 in Pesaro veröffentlicht, übers. u. teilveröff. von Schwarz, ibid., S. 43–47.

10   *The Autobiography of a Seventeenth-Century Venetian Rabbi. Leone Modena's Life of Judah*. Übers. u. hg. v. Mark R. Cohen, Princeton University Press 1988 [im folgenden zitiert als »Life of Judah«], fol. 4b. Ascher Levy, *Die Memoiren des Ascher Levy aus Reichshofen im Elsaß (1598-1635)*, hg., übers. u. mit Anm. versehen von M. Ginzburger, Berlin 1913, S. 67–69 [hebräischer Text im Anhang]. (Mein Dank gilt Paula Hyman, die mich auf Levys Autobiographie hingewiesen hat.) Ende des siebzehnten Jahrhunderts begann ein böhmischer Jude sein *Erinnerungsbuch* folgendermaßen: »Ich kann meine Familie über vier Generationen zurückverfolgen. Von meinem Großvater Jacob habe ich erfahren, daß sein Vater, Abraham ha-Levi, als junger Mann aus Polen nach Böhmen gekommen war.« Alexander Marx, »A Seventeenth-Century Autobiography: A Picture of Jewish Life in Bohemia and Moravia«, in: ders., *Studies in Jewish History and Booklore*, New York 1944, S. 183.

11   Als Einführung in die jüdische Autobiographie siehe den Artikel »Biographies and Autobiographies«, in: *Enciclopedia Judaica*, 16 Bde., 4. Aufl. Jerusalem 1978, Bd. IV, Sp. 1010–1015. Arnaldo Momigliano hat einen faszinierenden Essay geschrieben über die Autobiographie eines zum Christentum übergetretenen Juden aus dem zwölften Jahrhundert, Judas Levi alias Hermannus, in dem er auch Angaben und bibliographische Informationen über einen Zeitgenossen namens Obadiah macht, der zum Judentum konvertierte (»A Medieval Jewish Autobiography«, in: *Settimo Contributo alla storia degli studi classici e del mondo antico*, Rom 1984, S. 321–340). Für die Neuzeit siehe die sehr wichtige Untersuchung von Alan Mintz, »Guenzburg, Lilienblum, and the Shape of Haskalah Autobiography«, in: *AJS Review* 4 (1979), S. 71–110. David G. Roskies arbeitet zur Zeit an einer Untersuchung der Formen jüdischer Autobiographie. In Israel werden in Kürze Arbeiten von Israel J. Yuval über mittelalterliche jüdische Autobiographie im Reich und von Moshe Idel über ein autobiographisches Fragment Johanan Alemannos veröffentlicht.

12   Über das Buch Nehemia als Autobiographie siehe *Enciclopedia Judaica*, Bd. IV, S. 1010. Das *Leben* des Josephus Flavius war schon seit Anfang des sechzehnten Jahrhunderts gedruckt in lateinischer Sprache verfügbar, zusammen mit seinem *Jüdischen Krieg* und seinen *Jüdischen Altertümern* (beispielsweise hat die British Library Exemplare aller drei Bücher, die zusammen 1511 in Paris, 1554 in Basel und 1566 in Lyon veröffentlicht wurden). Josephus' Verteidigung seiner Bemühungen, die Juden während der Zerstörung des Zweiten Tempels durch Titus zur Kapitulation zu bewegen, und seine Kollaboration mit den Römern würde sein *Leben* selbst für diejenigen, die es gelesen hatten, nicht gerade als Vorbild für die spätere jüdische Autobiographie empfohlen haben. Unter den Juden

zirkulierte im Mittelalter und in der frühen Neuzeit eine anonyme Chronik der Zerstörung Jerusalems mit dem Titel *Sefer Josippon*, die, wie man glaubte, von Josephus »zum internen Gebrauch der Juden« geschrieben worden sei, und eine ganz andere Sicht der Ereignisse bot als der *Jüdische Krieg* (Yosef H. Yerushalmi, *Zakhor: Jewish History and Jewish Memory*, Seattle–London 1982, S. 34–35 [dt. *Zachor: Erinnere Dich! Jüdische Geschichte und jüdisches Gedächtnis*, Berlin 1988, S. 46–47]). *Josippon* enthielt jedoch keine »jüdische« Version des *Lebens*.

13   Siehe *Life of Judah*, fol. 20a. Die Autobiographie der Glikl bas Judah Leib ist in Jiddisch geschrieben und zuerst in der Originalsprache veröffentlicht worden von David Kaufmann als *Die Memoiren der Glückel von Hameln*, Frankfurt/M. 1896. Eine neue jiddische Ausgabe wird in Israel von Chava Turniansky vorbereitet. Eine deutsche Übersetzung besorgte Bertha Pappenheim (*Die Memoiren der Glückel von Hameln*, Wien 1910, Ndr. Weinheim 1994 [diese Ausg. wird hier benutzt, A.d.Ü.], und eine gekürzte Fassung in deutscher Sprache, veröffentlicht von Alfred Feilchenfeld (Berlin 1913).

14   Levy, *Memoiren*, S. 5. Dem *Magen avraham*, einem Kommentar aus dem siebzehnten Jahrhundert zum jüdischen Gesetzbuch Shulkan Arukh, zufolge, durfte man in heilige Bücher keine Bögen einlegen, sie als Rechnungsbuch benutzen oder seine Feder auf ihren Blättern erproben (Shulkan Arukh, *Orah hayyim*, Paragr. 154, wo der *Sefer hasidim* zitiert wird). Bisweilen wurde das Verbot ignoriert wie in einem hebräischen Gebetbuch aus dem Elsaß, das eine Notiz über einen Angriff auf die Juden in den Jahren 1475–1476 enthielt (J. Kracauer, »Rabbi Joselmann de Rosheim«, *Revue d'études juives* 16 [1888], S. 85–86, 95–96). Insgesamt gesehen scheinen die Juden jedoch gedacht zu haben, die Heiligkeit, die man durch den Bruch des Verbots verlöre, sei größer als diejenige, die man dadurch gewänne, daß man Neuigkeiten aus dem eigenen Leben oder dem der Familie in ein heiliges Buch schrieb.

15   Cecil Roth, »The Memoirs of a Siennese [sic] Jew (1625–1633)«, in: *Hebrew Union College Annual* 5 (1928), S. 353–402. Die *ricordanze* Giuseppes finden sich auf den leeren Seiten eines hebräischen Hauptbuchs, das der Sieneser Kaufmann Jacob ben Eleazar Modena, vielleicht Giuseppes Vorfahr, von 1562 bis 1567 führte. Giuseppes Einträge sind in italienischer Sprache abgefaßt, mit vereinzelten hebräischen Worten; jeder Eintrag beginnt mit dem Wort »Riccordo«.

16   Über das jüdische moralische Testament siehe Israel Abrahams (Hg.), *Hebrew Ethical Wills*, Vorwort von Judah Goldin, Philadelphia 1976. Über den Gebrauch von Konventionen des moralischen Testaments im neunzehnten Jahrhundert siehe Mintz, »Haskalah Autobiography«, S. 76–77, 100. Christliche Testamente konnten verschiedene Andachtsformeln, die Anrufung Gottes und (bei Katholiken) der Jungfrau Maria und anderer Heiligen sowie Vorschriften für die zukünftige Tätigkeit der Kinder enthalten, aber moralische Lehren und Lebensregeln waren nicht Teil des Testaments.

17   Glikl, *Memoiren*, S. 159.

18   *Life of Judah*, fol. 11a.

19   Goldin, *Vorwort zu Hebrew Ethical Wills*, S. 18. Über den Gebrauch des »Ich« in der christlichen Literatur des Mittelalters siehe Zumthor, »Autobiography«.

20   Leon Modena, *The History of the Rites, Customes, and Manner of Life of the Present Jews, Throughout the World*, übers. v. Edmund Chilmead, London 1650, S. 230–231: »Wenn jemand denkt, er müsse sterben, so verlangt er, zehn oder mehr Menschen mögen zu ihm gerufen werden, unter denen mindestens ein

Rabbi sein soll: manchmal wird indessen so zahlreiche Gesellschaft nicht gewünscht. Wenn dann alle, nach denen geschickt worden ist, zusammengekommen sind, beginnt der Kranke mit der allgemeinen Beichte, von der oben die Rede war … Wünscht er, dem Rabbi privat seine Sünden anzuvertrauen oder seinen Rat über irgend etwas zu hören, so steht ihm dies frei.« Männer wie Frauen beichteten so auf dem Sterbebett, dies zeigen Life of Judah, fol. 10a, 12b, 37a, und Glikl, Memoiren, S. 35–36. Jede andere persönliche Beichte wurde nur gegenüber Gott geleistet (Modena, Rites, übers. v. Chilmead [1650], S. 228).

21 Levy, Memoiren, S. 9.

22 Life of Judah, fol. 4a, 35b–38b.

23 Levy, Memoiren, S. 9; Glikl, Memoiren, S. 13, 171. Ende des siebzehnten Jahrhunderts verfaßte ein böhmischer Jude im Alter von noch nicht einmal dreißig Jahren seine Autobiographie (Marx, »A Seventeenth-Century Autobiography«, S. 196).

24 Levys Memoiren wurden von seinem Schwager Jonah Cohen aufbewahrt, der einen Teil seines eigenen Stammbaums anfügte (Memoiren, S. 69–71). Glikls Memoiren wurden von ihrem Sohn Moses Hameln, Rabbi von Baiersdorf, abgeschrieben, und weitere Abschriften blieben in Familienbesitz; die Wiener Ausgabe (1910) der Memoiren war insofern eine Familienangelegenheit, als die Übersetzerin Bertha Pappenheim eine Nachfahrin Glikls war. Das Leben Jehudas blieb eine Zeitlang im Besitz von Leone Modenas Nachkommen und inspirierte zweifellos zum Teil die Autobiographie Medabber Tahapuhot, die ungefähr zwei Jahrzehnte nach Leones Tode dessen Enkel Isaak min Haleviim verfaßte (Hg. Daniel Carpi, Tel Aviv 1985).

25 Leo Landman, »Jewish Attitudes Toward Gambling«, in: Jewish Quarterly Review 57 (1966–1967), S. 298–310; 58 (1967-1968), S. 34–62 (S. 42 zu den Tagen, an denen Glücksspiel erlaubt war). Siehe auch I. Abrahams, »Samuel Portaleone's Proposed Restrictions on Games of Chance«, Jewish Quarterly Review old ser. V (1893), S. 505–515.

26 Life of Judah, fol. 12a, 13a, 27b, 17b. Leone Modena, Sur Me-Ra, in: The Targum to »The Song of Songs«; The Book of the Apple; The Ten Jewish Martyrs; A Dialogue of Games of Chance, übers. v. Hermann Gollancz, London 1908, S. 204 [dt. Übertragungen seiner Schriften: Leo Modena, Briefe und Schriftstücke, 2. Tle., Straßburg 1907; Jehuda Arje Modena, Eldad und Medad oder der bekehrte Spieler (Jüdische Bücherei 1), Berlin 1920)]. Niccolò Machiavelli, Il Principe, Mailand 1949, S. 78: »Quantum fortuna in rebus humanis possit, et quomodo illi sit occurendum« [dt. Der Fürst, 6. Aufl. Stuttgart 1978, S. 102: »Was Fortuna in den Dingen dieser Welt vermag und wie man ihr begegnen soll«].

27 Sur Me-Ra, S. 193–194, 196, 203.

28 Life of Judah, fol. 4a und Anm. 1. Das Zitat stammt aus der Rede Jakobs vor dem Pharao.

29 Ibid., fol. 21b, 26a, 25a–b, 27a.

30 Ibid., fol. 7a, 11b, 21b, 23b, 20a.

31 William Howarth, »Some Principles of Autobiography«, in: James Olvey (Hg.), Autobiography: Essays Theoretical and Critical, S. 88–95.

32 Leone Modena war nicht nur ein berühmter Prediger, dessen Predigten veröffentlicht und weithin gepriesen wurden wegen ihrer »wohlgesetzten Worte und deutlichen Sprache« (Life of Judah, fol. 20a), viele seiner Bücher behandelten Fragen der Rhetorik, so etwa sein Buch über das Auswendiglernen mit Hilfe

von Orten *(loci), Lev ha-aryeh* (ibid., fol. 20a und die historischen Anmerkungen zu fol. 15b), sein Buch über das Verfassen von Briefen (ibid., fol. 20a und die historischen Anmerkungen zu fol. 20a) sowie sein Italienisch-Hebräisches Wörterbuch: *Novo dittionario Hebraico et Italiano*, Venedig 1612. Zu Leones Redetechnik siehe Howard Adelmans einleitenden Essay zu *The Life of Judah*.

33 Ibid., fol. 16b, 22b, 14a, 16a und die historischen Anmerkungen zu fol. 14a. Leone sagt nicht explizit, daß sich diese Haltung zur Kabbala über die Jahre hinweg abgekühlt hatte, wie Howard Adelman und Benjamin Ravid zeigen (in ihren historischen Anmerkungen zu fol. 20a). *Das Leben Jehudas* rückt die spirituelle Veränderung ebensowenig in den Vordergrund wie die intellektuelle. Vgl. die Darstellung der geistigen Entwicklung in der 1725–1731 verfaßten *Vita* Giambattista Vicos und in der Autobiographie aus dem achtzehnten Jahrhundert von Salomon Maimon (siehe Anm. 58). Die kurze *Autobiographie* des Gelehrten Joseph Scaliger (1540–1609) [hg. George W. Robinson (Cambridge, Mass., 1927), S. 27–33] zeigt seine frühzeitige geistige Entwicklung, aber keine Veränderung seiner Ansichten. Siehe auch Anthony Grafton, »Close Encounters of the learned Kind: Joseph Scaligers Table Talk«, *American Scholar* 57 (1988), 581–588.

34 Uriel da Costa, *Exemplar humanae vitae* (1640), veröff. v. Philippe van Limborch in: *De veritate religionis christianae: Amica collatio cum erudito judaeo*, Gouda 1687, S. 346–354, und wieder abgedruckt in portugiesischer Sprache mit einer lateinischen Übersetzung in: Uriel da Costa, *Trés Escritos*, A. Moreira de Sá (Hg.), Lissabon 1963, S. 36–69 [dt. *Die Schriften des Uriel da Costa*, hg. v. C. Gedhardt, Amsterdam 1922].

35 Glikl, *Memoiren*, S. 74–77 und Buch 6–7.

36 Die klassische Erörterung der Ruhmsucht in der Renaissance findet sich natürlich bei Burckhardt, *Kultur der Renaissance*, S. 148–159; eine wichtige neuere Untersuchung des Strebens nach Ruhm ist Leo Braudys *The Frenzy of Reknown: Fame and its History*, New York–Oxford 1986, besonders S. 25–361 über die Renaissance und das siebzehnte Jahrhundert. Montaigne, *Essais*, II, 8, S. 364–383, »De l'Affection des pères aux enfants«. Ich habe dieses Thema ausführlicher behandelt in »A Renaissance Text to the Historian's Eye: The Gifts of Montaigne«, in: *Journal of Medieval and Renaissance Studies* 15 (1985), S. 47–56 [dt. »Die Gaben des Michel de Montaigne. Ein Renaissancetext, mit historischem Blick gelesen«, in: Natalie Z. Davis, *Frauen und Gesellschaft am Beginn der Neuzeit*, Berlin 1986, S. 108–116]. Siehe auch die scharfsinnigen Bemerkungen über das Thema des Ruhms bei Montaigne von Steven Randall, »Montaigne Under the Sign of *Fama*«, in: *Yale French Studies* 66 (1984), S. 137–159. Zu Montaignes eigenen Vorbehalten gegenüber dem Ruhm siehe *Essais*, II, 16, S. 601–614, »De la Gloire«.

37 Montaigne, *Essais*, I, 28, S. 181–193, »De l'Amitié« [dt. Bd. 1, S. 320–348]. Der Zusammenhang zwischen dem Verlust des Freundes Etienne de la Boëtie und Montaignes Arbeit an den *Essais* ist vielfach behandelt worden, siehe u.a. Donald Frame, *Montaigne: A Biography*, New York 1965; Richard Regosin, *The Matter of My Book: Montaigne's Essais as the Book of the Self*, Berkeley 1977; François Rigolot, »Montaigne's Purloined Letters«, in: *Yale French Studies* 64 (1983), S. 145–166; Barry Weller, »The Rhetoric of Friendship in Montaigne's Essays«, in: *New Literary History* 9 (1977–1978), S. 503–523. Eine wichtige Analyse von Montaignes »De la Vanité« (III, 9, S. 922–980) findet man bei Jean Starobinski, *Montaigne en mouvement*, Paris 1982, Kap. 3 [dt. *Montaigne. Denken und Existenz*, Frankfurt/M. 1989]. Siehe auch Benvenuto Cellinis *Vita* (1728).

38   Gabriel Naudé, der Bücherliebhaber, Bibliothekar und unabhängige Denker über Fragen der Religion und Politik, hatte die Handschrift von Cardanos *Vita* während seines Aufenthalts in Italien (1631–1641) unter der Patronage des Kardinals Gianfrancesco de' Conto Guidi da Bagno erworben (Gabriel Naudé, *Vita Cardani ac de eodem iudicium*, in: Cardano, *Opera omnia*, Bd. 1, fol. iia; Jack A. Clarke, *Gabriel Naudé, 1600–1653*, Hamden, Conn., 1970, Kap. 3). Leone Modena hatte direkte und indirekte Verbindungen zu Naudé. Die indirekten Kontakte liefen über Jacques Gaffarel, Prior von Saint-Gilles, ein Hebraist und Gelehrter, der sich mit religiösen Gebräuchen beschäftigte. Ihm übergab Leone um 1634–1635 ein Exemplar seiner *Riti hebraici* wegen einer eventuellen Veröffentlichung in Paris (*Life of Judah*, fol. 25a und historische Anmerkungen dazu). Gaffarel war ein langjähriger Freund Naudés und korrespondierte bei seinem Aufenthalt in Venedig im Jahre 1633 mit ihm (Gabriel Naudé, *La Bibliographie politique*, Paris 1642, Widmung an Jacques Gaffarel, S. 36; das Buch war auf Bitten Gaffarels geschrieben und zuerst 1633 in Venedig veröffentlicht worden). Aber Leone Modena hatte auch direkte Verbindungen zu Naudé, wie wir aus Gaffarels Brief vom Frühjahr 1637 erfahren, der den *Riti* vorangestellt ist: »Ihr wurdet bereits darüber unterrichtet«, so wendet er sich an Leone, »von unserem gelehrten Landsmann Naudaeus, daß ich mich bereits in einem einbändigen Werk mit… der Beobachtung der Träume befaßt habe« (*Rites*, übers. v. Chilmead [1650], fol. B1a). Es ist durchaus möglich, daß Leone über Naudé 1643 von der Veröffentlichung von Cardanos *Vita* gehört und selbst das Buch erworben hat.

Leone Modenas »Kurze Aufzählung des mir zugefügten Herzeleids« (fol. 35b–36a der Handschrift) scheint ein topisches Überdenken seines Lebens und etwa 1645, aus dem sein letzter Eintrag stammt, entstanden zu sein. Zuvor hatte er nur seine Schriften in dieser Weise aufgezählt. Hier werden neue, zuvor im *Leben Jehudas* nicht auftauchende Themen angesprochen – etwa die dunkle Anspielung auf Aktivitäten seines Sohnes Mordechai, die man als homoerotische Beziehungen von diesem mit anderen Männern deuten kann. Leone wendet sich dann auf fol. 35b–36a dem Thema zu, »welcher Ruhm mir zuteil wurde«, und zitiert lobende Äußerungen von Selden u. a. über ihn (*Life*, S. 142–142a). Vgl. Cardano, *Vita*, Kap. 30: »Pericula et casus, et de insidiis multiplicibus, variis et assiduis«, und Kap. 48: »Testimonia clarorum Vivorum de me«. Die Ähnlichkeit zwischen Leone Modena und Girolamo Cardano kann natürlich rein zufälliger Natur sein. Wenn sich Leone jedoch von dem gelehrten Christen und Glücksspieler anregen ließ, so macht dies den Unterschied im Geist der beiden *Vitae* nur noch aufschlußreicher.

Über den Anfang des siebzehnten Jahrhunderts lebenden jüdischen Gelehrten Abraham Yagel, der nachgewiesenermaßen mit Cardanos wissenschaftlichen Werken vertraut war und von ihnen angeregt wurde, siehe David Ruderman, »Three Contemporary Perceptions of a Polish Wunderkind of the Seventeenth Century«, in: *AJS Review* 4 (1979), S. 156–159.

39   Cardano, *Vita*, Kap. 13: »Mores, et anima vitia et errores.«

40   Yerushalmi, *Zachor*, Kap. 1–2.

41   *Life of Judah*, fol. 38a. Über die kollektive Vorstellung vom Wunderkind siehe Ruderman, »Three Contemporary Conceptions«, S. 149–153. Glikls Lebenserinnerungen haben den gleichen Aufbau: ihr Leid sind der Verlust ihres ersten Mannes und mehrerer Kinder sowie der Bankrott ihres zweiten Ehegatten; ihre Sünden werden nicht alle genau genannt, aber zu ihnen gehört, daß sie

sich nicht in ihr Schicksal schicken will und sich zuviel darüber beklagt – beides wird mit ihrem Leid verknüpft (über den Tod ihrer dreijährigen Tochter Mate: »Worüber wir uns unbeschreiblich, sowohl mein Mann... als ich gegrämt haben. Ich fürchte, daß ich mich an dem höchsten Gotte sehr versündigt habe« [*Memoiren*, S. 118]; »Meine Sünden haben das verursacht« [S. 192], nach dem Tod ihres Mannes Chajim Hameln). Ihre Lebensleistungen sind ihre jüdische Nachkommenschaft und ihr Buch, das ein jüdisches Leben beschreibt.

Lucette Valensi hat die gleiche kulturelle Gestaltung autobiographischer Berichte bei den heutigen Juden der alten Gemeinde von Djerba in Tunesien festgestellt, wenn auch mit dem Verlust der Hoffnung auf den Messias: »Die Juden von Djerba siedeln ihre individuelle Identität im Herzen der heiligen Geschichte ihres Volkes an... Die erste Erfahrung des Schreibens in der ersten Person wie auch der mündliche Lebensbericht erneuern die Verbindung mit dem Erbe der religiösen Tradition, mit der Wahrnehmung eines kollektiven Schicksals, dem Refugium des Buches, dem immer wiederkehrenden Thema des Exils. Doch am Ende des Exils gibt es nunmehr keine Erlösung mehr... das einzige, was bleibt, ist die Trauer« (»From Sacred History to Historical Memory and Back: The Jewish Past«, in: *History and Anthropology* [Sondernummer »Between History and Memory«], 2 [Okt. 1986], S. 291, 303).

42   *Life of Judah*, fol. 38a.

43   Teresa von Avilas *Libro de la vida* wurde »von ihr selbst auf Weisung ihres Beichtvaters« geschrieben (*Autobiography*, S. 65). Ihre Selbstbiographie entstand zwischen 1561 und 1565 und wurde erst 1588, zwei Jahre nach ihrem Tod, gedruckt, als Fray Luis de León ihre *Obras* in Salamanca herausbrachte. *The Journal of Richard Norwood* wurde von Delany in den *British Autobiography* herausgegeben.

44   Cardano, *Vita*, Kap. 13, S. 10; Kap. 40, S. 32; Kap. 30, S. 20; Kap. 12, S. 9.

45   *Life of Judah*, fol. 28b und historische Anmerkungen zu fol. 15b.

46   Ibid., fol. 13b, 21a, 22b, 24b. Es ist nicht ganz klar, ob Leone Modena wollte, daß auch seine Töchter sein *Leben Jehudas* lesen sollten, oder ob diese über ausreichende Hebräischkenntnisse verfügten. Leone pries seine Tante Fioretta als »eine mit der Thora und dem Talmud vertraute, gelehrte Frau«, sagt jedoch kein Wort darüber, ob er seine Töchter Diana und Esther Hebräisch lehrte. Auf jeden Fall mußten sie von der Autobiographie erfahren haben, denn Leone machte seinen Enkel Isaak, den Sohn Dianas, zum Nachlaßverwalter seiner Schriften, und so kam die Handschrift in dessen Hände.

47   Ibid., fol. 25a–b und historische Anmerkungen dazu.

48   In italienischer Sprache lautet der Satz in Leones Vorwort wie folgt: »Nello scriver, in verità, che mi sono scordato d'esser Hebreo, figurandomi semplice, e neutrale relatore.« Interessant ist, wie Edmund Chilmead den Satz in seiner englischen Übertragung mißverstand: »And in my Writing, I have kept myself exactly to the Truth, remembering myself to be a *Jew*, and have therefore taken upon Mee the Person of a Plain, Neutral *Relator* only« (*Rites*, übers. v. Chilmead [1650], fol. C5b).

49   Mark R. Cohen, »Leone da Modenas *Riti*: A Seventeenth-Century Plea for Social Toleration of Jews«, in: *Jewish Social Studies* 34 (1972), S. 287–321.

50   *Rites*, übers. v. Chilmead (1650), S. 50–55, 121, 161–167, 239–242; *Life of Judah*, fol. 17a. Über Trauer und Totenklage in christlichen Autobiographien im Italien des fünfzehnten Jahrhunderts siehe Richard C. Trexler, *Public Life in Renaissance Florence*, New York 1980, S. 172–185 (über die Trauer des Kaufmanns Giovanni

Morelli um seinen Sohn Alberto); und George W. McClure, »The Art of Mourning: Autobiographical Writings on the Loss of a Son in Italian Humanist Thought (1400–1461)«, in: *Renaissance Quarterly* 39 (1986), S. 440–475. Leones immer wiederkehrende Totenklage im *Leben Jehudas* unterscheidet sich sowohl von der rituellen Trauer des Kaufmanns Morelli wie vom rhetorischen Trost der Humanisten.

51 Siehe *Rites*, übers. v. Chilmead (1650), S. 73–77, zu Leones Auffassung, die Erlaubnis im Deuteronomium »Von dem Ausländer darfst du Zins nehmen« (23,21), gelte nur für die sieben Stämme Kanaans und nicht für »jene Völkerschaften, unter die sie gegenwärtig zerstreut sind«. Die Juden »behaupten, es entspräche dem Gesetz«, weil sie keine andere Möglichkeit haben, ihren Lebensunterhalt zu verdienen. Vgl. die Analyse dieses Passus und der rabbinischen Reaktion darauf bei Cohen, »Leone da Modena's Riti«, S. 310–311.

52 Vgl. William Shakespeare, *The Merchant of Venice*, insbesondere Akt 1, Szene 3, und Akt 3, Szene 1. Zu Christen, die im Ghetto von Venedig ein und aus gingen, siehe Brian S. Pullan, *The Jews of Europe and the Inquisition of Venice, 1550–1670*, Totowa, N.J., 1983, S. 160–167.

53 Zu Montaignes Verurteilung der Lüge und Verstellung und die Denkbewegung, mit der es ihm gelingt, die Notwendigkeit des äußeren Scheins zu akzeptieren und gleichzeitig die ungeschminkte Wahrheit über sich zu erzählen, siehe Starobinski, *Montaigne en mouvement*. Über das Interesse am Maskieren in der Renaissance siehe Natalie Z. Davis, *The Return of Martin Guerre*, Cambridge, Mass., 1983, besonders Kap. 4, 6, 10, [dt. *Die wahrhaftige Geschichte von der Wiederkehr des Martin Guerre*, München 1984], und das allegorische Gedicht Guillaume de La Perrières über Masken. Während in der Antike Masken nur bei besonderen Anlässen getragen wurden, setzt man sie nun ständig auf: »Chacun feult feindre et colorer sa ruse. / Trahison gist souz beau et doux langage. / Merveille n'est si tout le monde abuse. / Car chacun tend à faulser son visage.« *Le Theatre des bons engins*, Lyon 1549, Emblema V.

54 D. Kaufmann, »Elia Menachem Chalfan on Jews Teaching Hebrew to Non-Jews«, in: *Jewish Quarterly Review* old ser. 9 (1897), S. 500–508, und Moshe Idel, »Particularism and Universalism in Kabbalah: 1480–1650«, Beitrag bei der Tagung »Jewish Societies in Transformation in the 16th and 17th centuries«, Van Leer Jerusalem Institute, 6.–8. Januar 1986.

55 Levy, *Memoiren*, S. 60. Glikl, *Memoiren*, S. 193–255, zu ihren Geschäften nach dem Tode ihres ersten Mannes. Sie nennt keinen christlichen Kaufmann, mit dem sie Geschäfte tätigt, aber aus ihrem Handel mit Strümpfen, Unzenperlen und anderen Waren sowie aus ihrer Anwesenheit auf den Messen in Leipzig, Braunschweig und Frankfurt an der Oder ergibt sich deutlich, daß einige ihrer Kunden Nichtjuden gewesen sein müssen. Als nichtjüdische Gestalten in ihren erbaulichen Erzählungen tauchen zum Beispiel Alexander der Große und Karl der Große auf.

56 *Life of Judah*, fol. 34b.

57 Levy, *Memoiren*, S. 49. Marx, »A Seventeenth-Century Autobiography«, S. 196.

58 *Salomon Maimon's Lebensgeschichte. Von ihm selbst geschrieben und herausgegeben von Karl Philipp Moritz*, In zwei Theilen, Berlin 1792–1793.

Schwindler in neuem Gewand

Diese Lecture, gehalten im März 1995 in Royal Holloway, University of London, erschien 1997 als »Hayes Robinson Lecture Series No. 1« der University of London, Egham, Surrey.
[Originaltitel: »Remaking Impostors: from Martin Guerre to Sommersby«]

1. Diese Darstellung ist einem unveröffentlichten Manuskript entnommen: Ann Anagnosts Schilderung des Falls auf der Grundlage von zwei Artikeln aus den Tageszeitungen *Wenhui bao* und *Jiefang ribao* vom 11. September 1979, die sie übersetzt und mit Anmerkungen versehen hat. Ann Anagnost gehört dem Anthropologischen Seminar der Universität Illinois an.

2. *Princeton Alumni Weekly* (3. April 1991), S. 5–7; *New York Times* (26. April 1991). Interessanterweise entschied die *National Collegiate Athletic Association*, daß die Rennen, an denen Santana/Hogue für Princeton teilgenommen hatte, weiterhin für die Universität zählten. Er habe sich zwar mißbräuchlich Stipendien der Universität verschafft, sei aber zum Zeitpunkt der Wettbewerbe Student in Princeton gewesen und habe somit für die Rennen ausgewählt werden können (Telephongespräch mit dem *Princeton University Athletics Department* vom 22. Januar 1997).

3. Ann Anagnost, »A Narrative: ›An Impostor Falls into the Net‹«, Titelseite und Anm. 1.

4. Ich habe diese Ereignisse behandelt in Natalie Zemon Davis, *The Return of Martin Guerre*, Cambridge, Mass., 1983 [dt. *Die wahrhaftige Geschichte von der Wiederkehr des Martin Guerre*, München 1984].

5. Jean de Coras, *Arrest Memorable, du Parlement de Tolose, Contenant une histoire prodigieuse de nostre temps*, Lyon: Antoine Vincent, 1561, S. 64. Guillaume Le Sueur, *Admiranda historia de Pseudo Martino*, Lyon: Jean de Tournes, 1561, S. 12.

6. Es gab tatsächlich in den 1570er Jahren in Genf einen Betrüger namens Jean Allard, der eine spektakuläre Karriere als Hochstapler in Schweden, Italien, Frankreich und in anderen Teilen der Schweiz machte. Doch er lebte als einfacher Gärtner in Genf, bevor er sein Nomadenleben als falscher Financier begann. Simon Goulart, *Histoires admirables et memorables de nostre temps*, Paris: Jean Houzé, 1607, fol. 195b–199b [dt. *Schatzkammer / vber natürlicher / wunderbarer vnd woldenckwürdiger Geschichten vnd Fällen*, 3 Teile, Straßburg 1613/1614].

7. Goulart, *Histoires admirables*, fol. 187a–199b; Natalie Zemon Davis, »From Prodigious to Heinous: Simon Goulart and the Reframing of Imposture«, in: André Burguière et al. (Hg.), *L'Histoire grande ouverture. Hommages à Emmanuel Le Roy Ladurie*, Paris 1997, S. 274–283.

8. Jean Baptiste de Rocoles, *Les imposteurs insignes ou Histoires de plusieurs hommes de néant, de toutes Nations, qui ont usurpé la qualité d'Empereurs, Roys et Princes*, Amsterdam: Abraham Wolfgang, 1683 [dt. *Geschichte merkwürdiger Betrüger*, Halle 1761, Bd. 1, S. 419–445].

10. Rocoles Tonfall der Empörung wird in der englischen Übersetzung von zwölf Geschichten aus den *Imposteurs insignes* übernommen, die 1683 und 1686 in London erschienen, während der politischen Konflikte des Regnums von Jakob II. Der anonyme Übersetzer wies im Vorwort darauf hin, daß diese Täuschungsgeschichten ein Licht auf die derzeit in England tätigen Betrüger würfen und griff dann bedeutende Persönlichkeiten des politischen und literarischen Lebens

(Shaftesbury, Dryden), ohne sie namentlich zu nennen: *The Lives and Actions of Several Notorious Counterfeits*, London: William Whitwood, 1683 und 1686. Den Fall Martin Guerre hat der Übersetzer nicht aufgenommen.

11. Gottfried Wilhelm Leibniz, *Nouveaux essais sur l'entendement humain*, in: *Œuvres philosophiques*, Amsterdam und Leipzig 1765, Bd. 3, Drittes Buch, Kap. 3 § 8 [dt. *Neue Abhandlungen über den menschlichen Verstand*, in: *Philosophische Schriften*, hg. u. übersetzt von Wolf von Engelhardt und Hans Heinz Holz, 2. Aufl. Frankfurt am Main 1986, Bd. 3. 2, S. 45].

12. F. Gayot de Pitaval, *Causes célèbres et intéressantes avec les jugemens qui les ont décidées. Rédigées de nouveau par M. Richer, ancien Avocat au Parlement*, Amsterdam: Michel Rhey, 1772 [dt. *Geschichten aus dem alten Pitaval*, Leipzig 1910 Bd. 2, S. 331 bis 359; die nachfolgenden Zitate finden sich auf S, 355 und 358].

13. Sarah Maza, »Le Tribunal de la nation: Les Mémoires judiciaires et l'opinion publique à la fin de l'ancien régime«, *Annales E.S.C.* 42 (1987), S. 73–90.

14. V. V. Novikov, *Teatr sudovedeniya*, Moskau 1791, Bd. 5, S. 138–148.

15. Charlotte Smith, *The Romance of Real Life in Three Volumes*, London: T. Cadell, 1787, Vorwort und Bd. 2, Kap. 4.

16. Janet Lewis, *The Wife of Martin Guerre*, San Francisco 1941; *The Triquarterly* 55 (Winter 1982), S. 104–110.

17. Die Studentin war Ann Waltner. Sie schrieb später ein wichtiges Buch über Adoption in China: *Getting an Heir: Adoption and the Construction of Kinship in Late Imperial China*, Honolulu 1991.

18. Ausführlicher zur Entstehung des Films siehe Ed Benson, »Martin Guerre, the Historian and the Filmmakers: An Interview with Natalie Zemon Davis«, *Film and History* 13 (September 1983), S. 49–65.

19. Joan Dupont, »Nicholas Meyer and the Art of the Remake«, *International Herald Tribune* (2. Juni 1993).

20. Robert E. Corlew, *Tennessee. A Short History*, 2. Aufl. Knoxville, Tenn., 1981, S. 228.

21. Vincent Canby, »Husband Back From War: Too Good to Be True?«, *New York Times* (5. Februar 1993), C8.

22. Michel de Montaigne, *Essais* 1:9 (*Des menteurs*), in: *Œuvres complètes*, hg. von Albert Thibaudet und Maurice Rat, Paris 1962, S. 37 [dt. *Essais*, Auswahl und Übertragung von Herbert Lüthy, 5. Aufl. Zürich 1984, S. 82].

Ad me ipsum

Der Text ist die »Charles Homer Haskins Lecture for 1997«, gehalten im Mai 1997 in der Benjamin Franklin Hall der American Philosophical Society in Philadelphia auf Einladung des American Council of Learned Societies, in deren »Occasional Papers« sie unter dem Titel »A Life of Learning« als Nr. 39 erschien.

Das Werk von Natalie Zemon Davis

Bücher

Society and Culture in Early Modern France, Stanford: Stanford University Press, 1975; dt. *Humanismus, Narrenherrschaft und die Riten der Gewalt. Gesellschaft und Kultur im frühneuzeitlichen Frankreich*, übers. von Nele Löw Beer, Frankfurt am Main: Fischer Taschenbuch Verlag, 1987 [das Kapitel 8 der amerikanischen Ausgabe, »Proverbial Wisdom and Popular Errors«, wurde nicht aufgenommen, da schon veröffentlicht als »Spruchweisheiten und populäre Irrlehren, übers. von Nele Löw Beer, in: Richard van Dülmen und Norbert Schindler (Hg.), *Volkskultur. Zur Wiederentdeckung des vergessenen Alltags (16.–20. Jahrhundert)*, Frankfurt am Main: Fischer Taschenbuch Verlag, 1984, S. 78–116, 394–406].

Frauen und Gesellschaft am Beginn der Neuzeit. Studien über Familie, Religion und die Wandlungsfähigkeit des sozialen Körpers, übers. von Wolfgang Kaiser, Berlin: Wagenbach, 1986.

The Return of Martin Guerre, Cambridge, Mass./London: Harvard University Press, 1983 [erweiterte Fassung von: Natalie Zemon Davis, Jean-Claude Carrière und Daniel Vigne, *Le Retour de Martin Guerre*, Paris: Robert Laffont, 1982, S. 115–269, der Beitrag von Natalie Zemon Davis wurde übers. von Angélique Levi]; dt. *Die Wahrhaftige Geschichte von der Wiederkehr des Martin Guerre*, übers. von Ute und Wolf Heinrich Leube, München: Piper, 1984.

Fiction in the Archives. Pardon-tales and their tellers, Stanford: Polity Press, 1987; dt. *Der Kopf in der Schlinge. Gnadengesuche und ihre Erzähler*, übers. von Wolfgang Kaiser, Berlin: Wagenbach, 1988.

Women on the Margins. Three Seventeenth-Century Lives, Cambridge, Mass./London: Harvard University Press, 1995; dt. *Drei Frauenleben. Glikl – Marie de l'Incarnation – Maria Sibylla Merian*, übers. von Wolfgang Kaiser, Berlin: Wagenbach, 1996.

Als Herausgeberin

Natalie Zemon Davis und Arlette Farge (Hg.), *Geschichte der Frauen in der frühen Neuzeit* (= Georges Duby und Michelle Perrot [Hg.], *Geschichte der Frauen*, Bd. 3). Frankfurt am Main/New York: Campus, 1994.

Ausgewählte Essays, Beiträge, Interviews
(im Text zitierte sowie weitere ins Deutsche übertragene Aufsätze)

»A Trade Union in Sixteenth-Century France«, in: *Economic History Review* XIX (1966), S. 48–69 [das Thema wird auch behandelt in »Streiks und Erlösung«, in: *Humanismus, Narrenherrschaft und die Riten der Gewalt*, Kap. 1].

»Poor Relief, Humanism, and Heresy: The Case of Lyon«, in: *Studies in Medieval and Renaissance History* V (1968), S. 217–275, wieder abgedr. in *Society and Culture*; dt. »Armenpflege, Humanismus und Ketzerei«, in: *Humanismus, Narrenherrschaft und die Riten der Gewalt*, Kap. 2.

»The Reasons of Misrule: Youth-Groups and Charivaris in Sixteenth-Century France«, in: *Past and Present* 50 (Februar 1971), S. 41–75, wieder abgedr. in: *Society and Culture*; dt. »Die Narrenherrschaft«, in: *Humanismus, Narrenherrschaft und die Riten der Gewalt*, Kap. 4.

»The Rites of Violence: Religious Riot in Sixteenth-Century France«, in: *Past and Present* 67 (Mai 1973), wieder abgedr. in *Society and Culture*; dt. »Die Riten der Gewalt«, in: *Humanismus, Narrenherrschaft und die Riten der Gewalt*, Kap. 6.

»City Women and Religious Change in Sixteenth-Century France«, in: D. McGuigan (Hg.), *A Sampler of Women's Studies*, Ann Arbor 1973, S. 17–45, wieder abgedr. in: *Society and Culture*; dt. »Städtische Frauen und religiöser Wandel«, in: *Humanismus, Narrenherrschaft und die Riten der Gewalt*, Kap. 3.

»Women's History in Transition: The European Case«, in: *Feminist Studies* III (Frühjahr–Sommer 1976), S. 83–103; dt. »Gesellschaft und Geschlechter. Vorschläge für eine neue Frauengeschichte«, in: *Frauen und Gesellschaft*, S. 117–132, 161–171.

»Ghosts, Kin and Progeny: Some Features of Family Life in Early Modern France«, in: *Daedalus*, Sonderheft »The Family« (Frühjahr 1977), S. 87–114; dt. »Die Geister der Verstorbenen, Verwandtschaftsgrade und die Sorge um die Nachkommen. Veränderungen des Familienlebens in der frühen Neuzeit«, in: *Frauen und Gesellschaft*, S. 19–51, 135–144.

»Women on Top«, in: Barbara Babcock (Hg.), *The Reversible World*, Cornell University Press, 1978, S. 147–190, wieder abgedr. in *Society and Culture*; dt. »Die aufsässige Frau«, in: *Humanismus, Narrenherrschaft und die Riten der Gewalt*, Kap. 5.

»Religion in the Neighborhood: The Stones of the Sainte-Croix Parish«, Vortrag auf einer Tagung der *American Historical Association* (28. Dezember 1979); dt. »Glaube und nachbarschaftliche Beziehungen. Die Steine von Sainte-Croix«, in: *Frauen und Gesellschaft*, S. 52–63, 144–145.

»Women in the Crafts in Sixteenth-Century London«, in: *Feminist Studies* 8: 1 (1982), S. 47–80; dt. »Zur weiblichen Arbeitswelt im Lyon des 16. Jahrhunderts«, in: Richard van Dülmen (Hg.), *Arbeit, Frömmigkeit und Eigensinn*, Frankfurt am Main: Fischer Taschenbuch Verlag, 1990, S. 43–74.

»The Sacred and the Body Social in Sixteenth-Century Lyon«, in: *Past and Present* 90 (Februar 1981), S. 40–70; dt. »Das Heilige und der gesellschaftliche Körper. Wie widerstreitende Glaubensformen den städtischen Raum im Lyon des sechzehnten Jahrhunderts prägten«, in: *Frauen und Gesellschaft*, S. 64–92, 145–157.

»Politics, Progeny and French History: An Interview with Natalie Zemon Davis«, durchgeführt von Judy Coffin und Robert Harding, in: *Radical History Review* 24 (Herbst 1980), S. 115–139; dt. »Über einen anderen Umgang mit der Geschichte. Ein Gespräch«, übers. von Wolfgang Kaiser, in: *Freibeuter* 24 (1985), S. 65–75 [gekürzt].

»Anthropology and History in the 1980s: The Possibilities of the Past«, in: *Journal of Interdisciplinary History* XII: 2 (1981), S. 267–275; dt. »Die Möglichkeiten der Vergangenheit. Geschichte und Ethnologie: neue Blicke auf vertraute Landschaften«, übers. von Wolfgang Kaiser, in: Ulrich Raulff (Hg.), *Vom Umschreiben der Geschichte. Neue historische Perspektiven*, Berlin: Wagenbach, 1986, S. 45–53.

»Scandale à l'Hôtel-Dieu (Lyon, 1537–1543)«, in: *La France d'Ancien Régime. Études réunies en l'honneur de Pierre Goubert*, Toulouse: Privat, 1984, Bd. 1, S. 175–188; dt. »Skandal im Hôtel-Dieu. Die verkehrte Welt eines Hospitals in Lyon«, in: *Frauen und Gesellschaft*, S. 93–107, 157–159.

»A RenaissanceText to the Historian's Eye: The Gifts of Montaigne«, in: *Journal of Medieval and Renaissance Studies* 15: 1 (Frühjahr 1985), S. 47–56; dt. »Die Gaben des Michel de Montaigne. Ein Renaissancetext, mit historischem Blick gelesen«, in: *Frauen und Gesellschaft*, S. 108–116, 159–161.

»Boundaries and the Sense of Self in Early Modern France«, in: Thomas C. Heller et al. (Hg.), *Reconstructing Individualism. Autonomy, Individuality, and the Self in Western Thought*, Stanford: Stanford University Press, 1986, S. 53–63, 333–335; dt. »Bindung und Freiheit. Die Grenzen des Selbst im Frankreich des sechzehnten Jahrhunderts«, in: *Frauen und Gesellschaft*, S. 7–18, 133–135.

»Any Resemblance to Persons Living or Dead‹: Film and the Challenge of Authenticity«, in: *The Yale Review* 76: 4 (September 1987), S. 457–482; dt. »›Jede Ähnlichkeit mit lebenden oder toten Personen…‹: Der Film und die Herausforderung der Authentizität«, übers. von Wolfgang Kaiser, in: Marc Ferro (Hg.), *Bilder schreiben Geschichte: Der Historiker im Kino*, Berlin: Wagenbach, 1991, S. 37 bis 63.

»History's Two Bodies« (Presidential Adress, American Historical Association), in: *American Historical Review* 93: 1 (Februar 1988), S. 1–30; dt. »Die zwei Körper der Geschichte«, übers. von Ebba D. Drolshagen, in: Braudel et al., *Der Historiker als Menschenfresser. Über den Beruf des Geschichtsschreibers*, Berlin: Wagenbach, 1990, S. 46–84.

»Fame and Secrecy: Leon Modena's ›Life‹ as an Early Modern Autobiography«, in: Mark R. Cohen (Hg.), *The Life of a Seventeenth-Century Venetian Rabbi: Leon Modena's »Life of Judah«*, Princeton: Princeton University Press, 1988, S. 50–70; dt. »Ruhm und Geheimnis: Leone Modenas ›Leben Jehudas‹ als frühneuzeitliche Autobiographie«, übers. von Wolfgang Kaiser, in: *Freibeuter* 54 (1992), S. 9–32, und im vorliegenden Band.

»Rabelais among the Censors, (1940s, 1540s)«, in: *Representations* 32 (Winter 1990), S. 1–32; dt. »Rabelais unter den Zensoren (1940, 1540)«, übers. von Wolfgang Kaiser, in: *Freibeuter* 58 (1993), S. 33–76.

»Frauen, Politik und Macht«, übers. von Wolfgang Kaiser, in: *Geschichte der Frauen in der frühen Neuzeit*, S. 189–206, 560.

Lesen Sie weiter in der
KLEINEN KULTURWISSENSCHAFTLICHEN BIBLIOTHEK:

Robert Klein   *Gestalt und Gedanke*
Zur Kunst und Theorie der Renaissance
Robert Klein, als Kenner der Renaissance nur mit Panofsky oder Koyré zu vergleichen, beantwortet in diesen Aufsätzen entscheidende ästhetische Fragen: Die Renaissance, eine mit neoplatonischer Theorie überfrachtete Kunst? Wie ›liest‹ man unverständliche Fresken? Waren schon die Auftraggeber überfordert?
Aus dem Französischen von Horst Günther
KKB 53. Englische Broschur. 128 Seiten mit Abbildungen

Jacques Le Goff   *Reims, Krönungsstadt*
Reims ist der deutsch-französische Gedächtnisort: von Chlodwig über Ludwig XIV., die Beschädigung der Kathedrale durch deutsche Artillerie im Ersten Weltkrieg bis hin zu den Staatsakten der Gegenwart. Jacques Le Goff, der führende französische Historiker, erzählt die Geschichte der Stadt und ihrer Kathedrale.
Aus dem Französischen von Bernd Schwibs
KKB 58. Englische Broschur. 112 Seiten mit vielen Abbildungen

Wolfgang Ullrich   *Uta von Naumburg*
Eine deutsche Ikone
Die Naumburger Stifterfiguren: Vergessene Meisterwerke der frühen Gotik, die im zwanzigsten Jahrhundert plötzlich zur nationalen Ikone wurden – vor allem Uta wurde ein Opfer der weihevollen Sinnsucher. Wolfgang Ullrich beschreibt Gründe und Hintergründe dieser Verehrung.
KKB 59. Englische Broschur. 144 Seiten mit zahlreichen Abbildungen

Jean-Pierre Vernant   *Der maskierte Dionysos*
Raum und Religion in der griechischen Antike
Jean-Pierre Vernant fragt, was es für einen Griechen der Antike bedeutet, er selbst zu sein, in Beziehung zu den anderen und in seinen eigenen Augen. Dazu untersucht er die mythische Architektur des politischen Raumes, die Identität und die Andersheit im Bewußtsein.
Mit einem Vorwort und aus dem französischen von Horst Günther
KKB 55. Englische Broschur. 96 Seiten

Paul Zanker   *Eine Kunst für die Sinne*
Zur Bilderwelt des Dionysos und der Aphrodite
Dionysos und Aphrodite als willkommene Gäste: über die Sinnenlust und den Reichtum der Kunst des Hellenismus.
KKB 62. Englische Broschur. 128 Seiten mit vielen Abbildungen

Verlag Klaus Wagenbach   Berlin

Jüdische Geschichte

Arnaldo Momigliano *Wege in die Alte Welt*
Momigliano zeigt, daß historische Reflexion in sich selbst einen Traditions- und Gedächtnisraum darstellt, den jeder, der ihn betritt, verändert, indem er ihm seine jeweilige Aktualität einprägt.
Gebunden. Blaues Leinen, 240 Seiten

Yosef Hayim Yerushalmi
Freuds Moses. Endliches und unendliches Judentum
Yerushalmis leidenschaftlicher Ton entspringt der Gegenüberstellung einer der bedeutendsten Fallgeschichten jüdischer Kultur – der Psychoanalyse – mit der immer noch offenen Frage nach den historischen Wurzeln des Mythos vom auserwählten Volk.
Englische Broschur, 192 Seiten mit Abbildungen

Yosef Hayim Yerushalmi *Ein Feld in Anatot*
Versuche über jüdische Geschichte
Fünf Essays über jüdische Geschichte, über Exil und Vertreibung, über Erinnern, Hoffen und Vergessen.
Kleine Kulturwissenschaftliche Bibliothek 44. 96 Seiten

Yosef Hayim Yerushalmi *Zachor: Erinnere Dich!*
Jüdische Geschichte und jüdisches Gedächtnis
»Zum erstenmal wird hier die Geschichte des ›Volkes der Erinnerung‹ beschrieben – ein herausragendes Werk, überzeugend in seiner Klarheit wie in der Fülle des Wissens.« Le Monde
Wagenbachs Taschenbuch 260. 144 Seiten

Wenn Sie mehr über den Verlag und seine Bücher wissen möchten, schreiben Sie uns eine Postkare. Wir schicken Ihnen gern die ZWIEBEL, unseren Westentaschenalmanach mit Lesetexten aus den Büchern, Photos und Nachrichten aus dem Verlagskontor. Kostenlos, auf Lebenszeit!

Verlag Klaus Wagenbach   Berlin